tudo é história

Pedro Paulo A. Funari
Glaydson José da Silva

Teoria da História

editora brasiliense

copyright © by Pedro Paulo Abreu Funari e Glaydson José da Silva
Nenhuma parte desta publicação pode ser gravada,
armazenada em sistemas eletrônicos, fotocopiada,
reproduzida por meios mecânicos ou outros quaisquer
sem autorização prévia do editor.

Primeira edição, 2008
4ª reimpressão, 2014

Coordenação editorial: *Maria Teresa Lima*
Coordenação de produção: *Laidi Alberti*
Projeto Gráfico e Editoração: *Digitexto Serviços Gráficos*
Capa: *Fernando Pires*
(montagem sobre imagem do busto de Heródoto e Tucídides,
Museo Nazionale di Napoli)
Revisão: *Maristela Nóbrega e Karin Oliveira*

Dados Internacionais de Catalogação na Publicação (CIP)
(Câmara Brasileira do Livro, SP, Brasil)

Teoria da história / Pedro Paulo Abreu Funari,
   Glaydson José da Silva. -- São Paulo : Brasiliense,
2008. -- (Tudo é história ; 153)

ISBN 978-85-11-00146-0

1. História - Estudo e ensino 2. História -
Filosofia 3. História - Metodologia 4. História -
Teoria crítica I. Silva, Glaydson José da. II. Título. III. Série.

08-07451   CDD-901

Índices para catálogo sistemático:
1. História : Filosofia e teoria   901

EDITORA BRASILIENSE LTDA.
Rua Antonio de Barros, 1720 – Tatuapé
CEP 03401-001 – São Paulo – SP
www.editorabrasiliense.com.br

SUMÁRIO

INTRODUÇÃO
UM CAMPO INTERDISCIPLINAR 9
OS OBJETIVOS DESTE LIVRO 10

CAPÍTULO I
AS ORIGENS ANTIGAS OU PRÉ-MODERNAS 13

CAPITULO II
O SURGIMENTO DA HISTÓRIA E O POSITIVISMO 27

CAPÍTULO III
A ESCOLA METÓDICA 33

CAPÍTULO IV
A CONCEPÇÃO DE HISTÓRIA EM MARX 43

Capítulo V
A Escola dos *Annales* 55

Capítulo VI
A História nova e outras historiografias 69

Capítulo VII
O Pós-modernismo 81

Considerações finais 89

Referências e fontes 93

Sugestões de leitura 99

Sobre os autores 101

Agradecemos a Margareth Rago, Jair Batista da Silva e Adilton Luís Martins. Mencionamos, ainda, o apoio institucional do Núcleo de Estudos Estratégicos (NEE/Unicamp), do Departamento de História, do CNPq e da Fapesp. A responsabilidade pelas idéias restringe-se aos autores.

Introdução

Um campo interdisciplinar

A Teoria da História é uma área de pesquisa e de reflexão paradoxal. Disciplina obrigatória nos cursos universitários de História, constitui um dos cernes da carreira do historiador, seja ele futuro professor, seja pesquisador. Não se pode prescindir de uma formação sobre os fundamentos epistemológicos da disciplina. A própria palavra epistemologia, referida na frase anterior, contudo, nos alerta de que estamos diante de uma área que abrange diversas outras disciplinas. Epistemologia, o conhecimento (*logia*) da ciência (*episteme*), remete à Filosofia, ao campo de conhecimento voltado para os processos de conhecimento, mas leva-nos, também, aos gregos antigos. Foram os gregos que definiram a episteme como o resultado de uma reflexão diante do que está colocado à nossa frente: *histemi* significa estar em pé e *epi* é a preposição sobre. Opuseram-na a *doxa*, a simples opinião, assim como a *tekhne*, a arte ou técnica.

Mas a Teoria da História não se relaciona apenas à Filosofia. Desde o século XIX, e ainda mais no século XX, diversas disciplinas forneceram modelos de como interpretar a sociedade e as suas transformações e vieram a servir de referência para como os historiadores pensaram sobre a teoria da sua disciplina. Foram particularmente relevantes as interpretações sociológicas e antropológicas, sem esquecermos aquelas oriundas da Lingüística e dos Estudos Literários. Temos aí, portanto, três grandes vertentes que contribuíram para Teoria da História: a Filosofia, as Ciências Sociais e as Letras, três campos que, por sua parte, se relacionam também. Tudo isso significa que a Teoria da História exige uma necessária interação com as outras ciências.

Os objetivos deste livro

Um dos grandes estudiosos da Teoria da História, o historiador francês Henri Irenée Marrou (1904-1977), enfatizava a importância de se publicarem livros de divulgação. Esta obra visa introduzir o leitor no universo da Teoria da História, a partir de suas origens até os dias atuais. Essa seqüência permitirá ao leitor verificar como os autores construíram suas interpretações a partir das

Teoria da História

experiências anteriores, mas não implica nenhum juízo de superioridade das produções mais recentes, como se houvesse uma evolução em direção à verdade. Apresentamos uma leitura possível dessa trajetória, a partir de uma ótica explicitada desde o início: o pluralismo. Como constatou o historiador alemão Chris Lorenz (1998), "o pós-modernismo é uma versão radical do pluralismo". Partilhamos das preocupações de Margareth Rago (2000), quando esclarece que:

> Já faz algum tempo que os historiadores perceberam as dificuldades do seu ofício, não apenas pelos obstáculos de acesso aos documentos, mas porque sua atividade não é neutra e nem o passado existe como coisa organizada e pronta, à espera de ser desvelado. O historiador produz o passado de que fala a partir das fontes documentais que seleciona e recorta, compõe uma trama dentre várias outras possíveis e constrói uma interpretação do acontecimento. Há múltiplas histórias a serem contadas já que os grupos sociais, étnicos, sexuais, generacionais, de baixo ou de cima, se constituem de maneiras diversas, mas têm diferentes modos de narrá-las. A História pode mostrar formas diferentes de pensar, de organizar a vida, de problematizar, vivenciadas por outras sociedades, em outros momentos históricos.

Aceitar o desafio proposto por Marrou (1961) e escrever uma obra de divulgação não é tão simples quanto pode parecer. O historiador americano Jacoby Russel (1992) lembra que "as generalizações sobre disciplinas acadêmicas requerem audácia, pois materiais e descobertas volumosas mesmo em áreas muito restritas podem minar, se não refutar, as interpretações gerais". Corremos esse risco, mas deixamos claro, desde o início, que apresentamos uma leitura possível, convidando o leitor a fazer seus próprios juízos.

I
As origens antigas ou pré-modernas

Os termos e seus significados

Toda a Teoria da História moderna, surgida com o racionalismo e o iluminismo do século XVIII, surge em continuidade e em oposição à tradição milenar de reflexão sobre o passado. Continuidade, pois muitas das referências antigas foram retomadas em tempos modernos, mas, ainda mais, em oposição, pelo distanciamento das maneiras de se conceber a História nas tradições antigas e medievais. Neste capítulo, a trajetória de reflexão sobre o passado, e como isso se relaciona com a epistemologia, será apresentada a partir dos seus primórdios naquilo que se convencionou chamar de tradição ocidental. Como veremos, reflexões das obras de Platão ou mesmo da Bíblia continuam, em pleno século XXI, a serem debatidas e usadas como argumento para reconstruir a Teoria da História.

Antes de tratarmos disso, contudo, convém abordar dois termos da equação: teoria e história, termos de origem grega e prenhes de significado. Teoria relaciona-se com o verbo *Theáomai*, enxergar, e com *thea*, vista e está, portanto, no mesmo campo de teatro, em grego *théatron*. A teoria é, portanto, um ponto de vista, uma visão e esse termo já é em si muito revelador, pois só enxergamos uma parte do que pode ser visto, só aquilo que nos permite nosso ângulo de visão e a iluminação externa. Assim, a visão é subjetiva, ela depende de quem olha e ela é também afetada por condições de visibilidade externas ao observador. Para os antigos gregos, teoria diferenciava-se da *práxis*, a ação no mundo, mas essa própria prática depende da visão, de um ponto de vista. A teoria é, portanto e inevitavelmente, subjetiva.

Em seguida, a História, termo grego que já se confunde, no senso comum, com a noção de passado, como se fosse aquilo que aconteceu. Na verdade, *historía* é um termo grego que significava pesquisa, uma observação — de novo, uma noção ligada a algo investigado pela vista. Na origem, a palavra não se restringia ao estudo do passado, era usada para qualquer pesquisa empírica sobre o movimento dos astros no céu e esse sentido da palavra se mantém, em nossa língua, na expressão *história natural*. Assim, também pelo segundo termo da expressão — Teoria da História — estamos diante de uma subjetividade.

Teoria da História 15

ANTES DA INVENÇÃO DA TEORIA E DA HISTÓRIA

Antes mesmo da invenção, pelos gregos, dos termos teoria e história, já se pensava sobre o passado e o seu significado. As concepções mais retomadas pela historiografia moderna foram as hebraicas, parte da tradição ocidental, por meio da Bíblia. O tempo bíblico é um tempo religioso, prenhe de subjetividade e emoção. Os termos mais usuais para designar o tempo referem-se a um ciclo, como dia (*yom*), mês (*khodesh*) e ano (*shaná*), que compõe uma vida, uma geração (*dor*). A palavra tempo, et, é de origem desconhecida, mas está relacionada ao ciclo da vida, em sua acepção religiosa, como diz Ezequiel (31,16):

> Na Tua mão estão os meus tempos. Esse ciclo da vida encontra-se no próprio mundo, concebido como tendo uma criação, a saída do homem do paraíso e um final, a aurora messiânica que representa um retorno superior ao paraíso perdido.

Estas concepções encaram o presente como parte de um *continuum* com o passado e o futuro, uma etapa em um ciclo que se apresenta no próprio quotidiano. Futuro e passado se confundem, na perspectiva do presente. O estudioso bíblico Walter I. Rehfeld propõe que o tempo bíblico corre do futuro para o passado:

> A consciência do presente verá os "antepassados" como posições fixas anteriores no tempo, marchando para frente, exatamente na mesma direção. De acordo com esta visão, o hebraico clássico qualifica o futuro longínquo como "o fim dos dias",

permanecendo "parte de trás", às nossas costas, enquanto que o passado corresponde ao que está em frente no espaço. Se o passado for à nossa frente e o futuro às nossas costas, então marchamos do futuro para o passado.

Esse tema será retomado pela Teoria da História no século XX, por Walter Benjamin, como veremos mais adiante. O que nos interessa, aqui, é apenas destacar que, mesmo antes da invenção da História, com esse nome, já se pensava no sentido do tempo e essas idéias, ligadas a ciclos e à salvação serão muitas vezes retomadas e reelaboradas ao longo dos séculos.

HISTÓRIA BÍBLICA

- Cíclica
- Com início, meio e fim
- Do futuro para o passado
- Religiosa

Os gregos e a História

Heródoto

O estadista romano Marco Túlio Cícero (106-43 a.C.) denominou Heródoto de Halicarnasso (484-420 a.C.) "o pai da História" (*De Legibus*, 1, 1, 5), epíteto que, desde então, difundiu-se e tornou-se um lugar-comum. Heródoto foi o primeiro a adotar a palavra História com o sentido que passaria a ter. Logo no início de sua obra, explica que:

> Aqui está a exposição das pesquisas de Heródoto de Halicarnasso, para que as obras dos homens não sejam esquecidas, com o tempo, nem as grandes e maravilhosas façanhas realizadas tanto por gregos como por bárbaros fiquem sem glória e para mostrar as causas dos conflitos.

Nessas primeiras palavras, temos todo um programa do que seja a tarefa do historiador. Em primeiro lugar, trata-se de um relato, uma estória, uma exposição, primeiro oral e só depois escrita. Heródoto atravessou o mundo, a recolher e ver, com os próprios olhos e a ouvir com as próprias orelhas, relatando essas experiências em praça pública. Havia, desde o início, uma função pública e literária dessas leituras, que deviam tanto entreter o público como falar aos sentimentos das pessoas. Como sabemos disso? É o próprio Heródoto que nos conta e nos reporta à incredulidade dos ouvintes, diante do que ele afirmava ser a pura verdade. Essas mesmas observações de Heródoto sobre a reação do público demonstram que a sua obra, no entanto, só se tornou perene com a escrita, com a publicação, em forma de obra literária reproduzida em tantas cópias e que chegou até nós.

Heródoto sempre ressalta sua função como testemunho direto: "Até aqui disse o que vi, refleti e averigüei por mim mesmo, a partir de agora direi o que contam os egípcios, como ouvi, ainda que acrescente algo do que vi" (*História 2,9*). Este o sentido primeiro da palavra História: testemunho. Cabe ao testemunho preservar pela lembrança as ações humanas, pela memória, para que não sejam esquecidas. Essas são todas palavras ligadas à relembrança e não é à toa que palavras como "monumento" derivem de lembrar. A glória aludida por Heródoto no início de sua obra também do âmbito da memória. Embora para nós, modernamente, a memória seja quase sempre ligada à imprecisão e à transmissão oral, como lembra o historiador francês Jacques Le Goff (1988), para os antigos a memória e a História estavam ligadas umbilicalmente.

Por fim, Heródoto menciona que busca as causas da guerra entre gregos e persas. A preocupação com as causas leva ao papel do juízo lógico do historiador. Heródoto usa muito a palavra *lógos*, que significa tanto palavra como conhecimento, razão, tudo isso como parte de um relato racional. Assim, diz-nos que "o que me proponho, ao largo do meu relato (*lógos*) é escrever, tal como ouvi, o que dizem uns e outros". O relato é uma obra literária fundada na razão, com a reportagem das opiniões contrastantes. As causas são de caráter racional, compreensíveis pela contraposição de pontos de vista, ainda que as forças divinas não deixem de ser mencionadas, assim como aceitas as coisas maravilhosas, que não foram bem comprovadas pela vista ou pela audição, como a existência de seres esdrúxulos.

O historiador italiano Arnaldo Momigliano (1908-1987), em um estudo clássico, chegou à conclusão que "está ainda conosco com toda a força de seu método de estudar as fontes orais não só no presente, como no passado. É curioso: Heródoto chegou a tornar-se, de verdade, o pai da História só nos tempos modernos". Não por acaso, Heródoto foi considerado o fundador de campos como a Antropologia e a Geografia, além da História. Sua Teoria da História encontraria correlatos, como veremos, na pluridisciplinaridade da História no século XX.

> **HISTÓRIA PARA HERÓDOTO**
> - Relato racional e agradável (logos)
> - Investigação da visão e da audição
> - Lembrança dos grandes feitos
> - Busca das causas

TUCÍDIDES E O EFÊMERO

Tucídides dá continuidade à nascente historiografia grega, mas se erige diferente de seu antecessor, Heródoto. Rompe com a busca das causas últimas e profundas, com a escuta dos povos e seus costumes, preocupado apenas com a História contemporânea de sua época. Despreocupado do que chamaríamos de etnografia, Tucídides volta-se para as lutas intestinas, para a História constitucional. Sua distância começa já por sua crítica ao relato de histórias para o público:

> A ausência de estorinhas em minha História irá, temo, tirar um pouco do seu interesse. Contudo, se for considerado útil pelos pesquisadores que desejarem um conhecimento preciso do passado, como ajuda para interpretar o futuro, ficarei contente. Escrevi esta obra não como um relato não para receber o apoio do momento, mas como uma aquisição para todo o sempre (*Guerra do Peloponeso*, 1,22).

Em tão poucas palavras, tanta divergência com Heródoto. Não falava em praça e não queria saber da opinião das pessoas, menos ainda do aplauso ilusório, pois vindo da ignorância. Não aceita tratar do que ele chama de mítico, as estorinhas. A precisão do conhecimento também chama a atenção, assim como a pretensão de que, mais do que pontos de vista, como ressaltava Heródoto, haveria que produzir uma obra literária para todo o sempre, frase que ficou famosa: *ktema eis aei*, uma conquista do conhecimento histórico para sempre, a ser manter por não depender das opiniões. Muitos historiadores modernos, no auge do positivismo, no século XIX, iriam retomar essa busca de transcendência em Tucídides, a descrição acurada do efêmero, em seu sentido original grego: do dia-a-dia. Historiador da guerra, Tucídides viria também por essa via a ser paradigmático para o moderno positivismo.

A historiografia do século XX ressaltaria as deficiências das certezas de Tucídides. Arnaldo Momigliano destacou um aspecto, o caráter por assim dizer jornalístico das explicações de Tucídides, centradas nos pequenos desencontros quotidianos, sem olhar o grande quadro do contexto histórico e das causas profundas:

> Toda a História diplomática e social dos trinta anos precedentes à Guerra do Peloponeso (431-404 a.C.) está, talvez, irremediavelmente perdida para nós justamente porque não interessava a Tucídides. Há tantas coisas que não sabemos porque Tucídides não procurou estudá-las.

A busca da precisão ligava-se à visão judiciária da História, como se a pesquisa histórica fosse uma investigação das provas de um tribunal em busca da verdade (essa idéia seria retomada no século XX pelos paradigmas indiciários, como veremos). Inseria-se, também, no empirismo empregado pela medicina hipocrática. Tudo somado, Tucídides será uma referência especialmente importante para a historiografia moderna.

TUCÍDIDES
- Busca das causas imediatas
- Escrita de obra literária como referência perene
- Busca da verdade como em um tribunal

Aristóteles, Poesia e História

O pensador grego Aristóteles (384-322 a.C.) nunca escreveu uma obra de História, mas, mesmo assim, tornou-se uma referência obrigatória sobre a epistemologia da História. Pode parecer paradoxal, apenas na aparência, contudo. Aristóteles escreveu sobre quase tudo e um comentário seu na *Poética* tem sido considerado essencial para entender o conhecimento possível por meio da História. Quando Aristóteles escreveu essa obra, já a História era um gênero literário bem estabelecido e é em sua obra sobre as criações artísticas que ele dedicará um apartado para a relação entre a poesia e a História. Segundo Aristóteles:

> Não é ofício de poeta narrar o que aconteceu; é, sim, o de representar o que poderia acontecer, quer dizer: o que é possível segundo a verossimilhança e a necessidade. Com efeito, não diferem o historiador e o poeta por escreverem verso ou prosa (pois que bem poderiam ser postos em verso as obras de Heródoto, e nem por isso deixariam de ser História, se fossem em verso o que foram em prosa) — diferem, sim, em que diz um as coisas que sucederam, e outro as que poderiam suceder. Por isso, a poesia é algo de mais filosófico e mais sério do que a História, pois refere aquela principalmente o universal, e esta o particular. Por "referir-se ao universal" entendo eu atribuir a um indivíduo de determinada natureza pensamentos e ações que, por liame de necessidade e verossimilhança, convêm a tal natureza; e ao universal, assim entendido, visa a poesia, ainda que dê nomes às suas persona-

gens; particular, pelo contrário, é o que fez Alcibíades ou o que lhe aconteceu (*Poética*, 9,50).

Aristóteles aponta como característica essencial da História sua preocupação com o efêmero, com o acontecimento que não se pode repetir e que, por isso mesmo, nada nos pode ensinar sobre a natureza humana ou mesmo do mundo. O particular, por definição, nada revela. Tucídides (*G. P.* 2, 65) descreve a morte de Péricles, "ele sobreviveu por dois anos e meio após o início da Guerra do Peloponeso e a correção de suas previsões sobre ela tornaram-se claras à época da sua morte". O que essa morte nos diz sobre o comportamento humano? Já a morte de um personagem trágico, não, ela apresenta uma lição, como no caso de Hipólito, filho de Teseu e a amazona Hipólita, que morre por recusar o amor de Ártemis. Representa, entre outras coisas, a perdição pela soberba. Já a morte de um Péricles, por mais importante que tenha sido, não possui essa dimensão filosófica profunda. Também como veremos, o positivismo virá retomar esses argumentos, ainda que para valorizar a descrição dos acontecimentos e a falta de ambição epistemológica da História.

ARISTÓTELES
- História busca o particular e irrepetível
- Limita-se a narrar o que aconteceu
- Não ambiciona explicar o homem ou o mundo

A HISTORIOGRAFIA GRECO-ROMANA E O CRISTIANISMO

A historiografia de gregos e romanos posteriores aos três autores tratados inspirou-se e referiu-se a eles, ainda que cada um tenha enfatizado alguns aspectos ou características da História. Assim, Políbio (200-118 a.C.) e Salústio (86-34 a.C.) enfatizarão a utilidade da História, tema que terá grande fortuna entre outros autores antigos, como Cícero e sua caracterização da História como "mestra da vida". Essa ênfase insere-se na perspectiva de Tucídides, de um monumento para o futuro, mas tem ambições práticas, como se a própria função da História fosse ensinar. Outro aspecto inovador foi a difusão do conceito de decadência, como se houvesse uma degradação com o passar do tempo, noção que tinha precedentes na mitologia, mas que foi aplicada à História, com a constatação de Tácito (55-120 d.C.) de que o domínio romano levava a paz dos cemitérios aos povos (*solitudinem faciunt pacem appellant*).

O Cristianismo viria a introduzir modificações profundas, uma ruptura, como diria o historiador de nossa época Jacques Le Goff. Por um lado, herdeiro do pensamento hebraico, messiânico, apresenta uma leitura escatológica, visando ao fim dos tempos: *éskhatos* quer dizer último e *lógos* conhecimento. Retoma, pois, a noção de tempo linear com a criação do mundo, a queda do homem, a vinda do Cristo e a espera do juízo final. Deus passa a intervir na História, como agente constante e oculto. O conhecimento do passado, com alguma precisão — como pregavam os gregos antigos — não faz mais sentido. Santo Agostinho (354-430), em suas *Confissões* (14) interroga-se sobre o tempo: "O que é o tempo? Se ninguém me pergunta, sei-o; se quiser explicar a quem me pergunta, não o sei". Julgada pelos sentidos, a fé é uma verdade cega, à diferença da teoria grega, que era visível e, por isso, demonstrável. A fé cristã é uma confiança firme no invisível e, portanto, no que não é demonstrável.

O historiador toma o passado em uma única dimensão, confunde homens e acontecimentos, com desinteresse pela sucessão temporal, preocupado apenas com os valores eternos e absolutos intemporais. A História nada mais é do que o desenvolvimento dos desígnios divinos e, assim, o raciocínio teológico só deixa lugar para a História ideal, eterna. Os homens e suas obras perdem interesse, pois a atividade humana não pode ser efetiva. A historiografia moderna nasceria em reação às concepções teológicas do mundo e da História.

HISTÓRIA CRISTÃ

- Linear: criação, encarnação de Deus, juízo final
- Narrativa baseada na fé: Deus e seus desígnios
- Busca de valores eternos e intemporais

II

O SURGIMENTO DA HISTÓRIA E O POSITIVISMO

O Renascimento

A tradição historiográfica cristã, com sua mescla de temas sagrados e profanos, com a onipresença de milagres, viria a marcar a reação, a partir da releitura dos historiadores gregos e romanos. Os escritores da Renascença, a partir do século XV, entusiasmaram-se com as abordagens racionais e seculares dos antigos e começaram a desenvolver uma erudição crítica. Lorenzo Vala (1407-1457) foi um desses pioneiros, ao publicar, em 1540, um estudo, em latim, da chamada *Doação de Constantino*, documento que seria transferência de terras à Igreja pelo imperador romano Constantino. Demonstrou que a Doação não podia ter sido escrita àquela época e era, portanto, muito posterior.

Com a divulgação da imprensa e do uso das línguas vernaculares, como o francês, italiano ou inglês, difundiram-se obras históricas de pensadores como Maquiavel (1469-1527) e Guicciardini (1483-1540), mas seria apenas com o Iluminismo, no século XVIII, que teríamos o desenvolvimento da historiografia, na época conhecida como era de Voltaire (1694-1778) e Gibbon (1737-1794). Já se estava, no século XVIII, sob o clima de luta declarada contra a influência das igrejas na interpretação do passado e na busca de uma interpretação racional do passado. No entanto, os iluministas não se preocupavam com a precisão de um Tucídides, já que, como dizia Voltaire, "danem-se os detalhes, pois são o tipo de verme que destrói as grandes obras" (MARWICK, 1976, p. 33). Todo o século XVIII produziu uma pletora de eruditos que se preocuparam com a História, como Giambattista Vico (1668-1744) e Johann Gottfried von Herder (1744-1803), ambos preocupados com a Filosofia da História. Ambos destacaram a importância da compreensão dos contextos históricos, a diferença do passado, diante do presente. Era o início do método da empatia, que teria grande fortuna na Teoria da História. Segundo Von Herder, "primeiro simpatize com a nação estudada, vá à sua época, à sua geografia, a toda sua História, sinta-se nela". Todos escreviam História na tradição da literatura, como grandes obras literárias produzidas para o deleite, ainda não havia a carreira universitária, a História como parte de uma nova organização da ciência, na forma da Universidade moderna.

A História na Universidade

A Universidade, instituição criada em plena Idade Média, a partir do século XII, caracterizou-se, até fins do século XVIII, pelo conhecimento universal, de onde deriva seu nome. Formavam-se médicos, advogados e teólogos, todos com uma graduação genérica predominante e com a Teologia no ápice. As artes liberais englobavam gramática, dialética e retórica (*trivium*), além de aritmética, música, geometria e astronomia (*quadrivium*). Tudo em latim, sob o controle da Igreja, visava à elevação da alma. Seria apenas no século XVIII, com o avanço do Iluminismo, que a Universidade tomaria novo rumo, que resultaria no surgimento das disciplinas modernas — voltadas para o conhecimento objetivo, ou positivo, do mundo e das relações humanas.

A primeira disciplina a surgir, no que viria a ser as Ciências Humanas e Sociais, foi a Filologia, o conhecimento das línguas. Se antes, na tradição medieval, estava-se a gramática de uma língua, o latim, a nova ciência preocupava-se com o estudo das línguas, suas características e origens. Abandonada a explicação bíblica, que atribuía a diversidade das línguas à Torre de Babel, a nova disciplina buscou entender as línguas como se elas fossem plantas, como se elas tivessem relações de parentesco entre si e origens partilhadas, inspiração que vinha da nascente Biologia. Logo surgiram os dois grupos de línguas, as línguas indo-européias e as semíticas. As primeiras congregavam quase todas as línguas européias, além do persa e de línguas da Índia, e as segundas as línguas do Oriente Médio mais conhecidas na Europa, como o hebraico, o aramaico e o árabe.

O surgimento da Filologia permitiu que se iniciasse a História como disciplina acadêmica que está conosco até hoje. A Filologia permitiu um conhecimento muito mais rigoroso e aprofundado das línguas antigas e de suas relações. A Filologia Histórica — preocupada com as origens e interconexões — mostrou, assim, que o latim e o grego compartilhavam muito, tanto em termos de estrutura como de vocabulário. Permitiu, ainda, que o conhecimento dos documentos antigos fosse muito mais profundo e objetivo. Esse foi o passo decisivo para a criação de um novo conceito de História, como conhecimento positivo do passado, não mais como literatura ou relato religioso.

Os pioneiros da História positivista foram escritores de língua alemã, em particular a partir da Prússia, na chamada revolução historiográfica de Berlim. Barthold Georg Niebuhr (1776-1831) foi um dos fundadores da nova Universidade de Berlim, produto do reformismo prussiano, o primeiro historiador da nova era, se assim podemos dizer. Suas palestras sobre a História de Roma, ministradas em 1811-1812, publicadas entre 1827 e 1832, marcam a nova erudição positivista: a partir da Filologia, estabelece-se a crítica textual como pedra angular do positivismo historiográfico. Essa crítica visava a saber se os documentos eram verdadeiros e fidedignos. Em busca da descrição factual precisa, inaugurava-se o estilo da historiografia positivista, árido, difícil, em tudo diverso da tradição literária da História inaugurada por Heródoto. Niebuhr usou a História de Roma do historiador romano Tito Lívio (59 a.C.- 17 d.C.) para desacreditá-la, tanto por ser literária como por trazer uma infinidade de historietas

Teoria da História 31

inventadas. O positivismo visava ao conhecimento objetivo do passado, não ao gozo de uma bela leitura e, menos ainda, a dar guarida à fantasia.

Leopold von Ranke (1795-1886) foi o grande historiador acadêmico positivista que daria seqüência e aprofundaria a nova teoria positivista da História proposta por Niebuhr. Von Ranke pode ser considerado o fundador da moderna disciplina histórica, universitária, tanto do ponto de vista epistemológico como administrativo. Estabeleceu, pela primeira vez, a disciplina na Universidade, algo que tardaria muitas décadas em outros lugares, como na França. Também foi pioneira a criação da revista *Historische Zeitschrift*, em 1859, "cuja primeira tarefa era apresentar o método verdadeiro da pesquisa histórica e apontar os desvios", como se lê no editorial. No plano epistemológico, o positivismo de Von Ranke marcou a disciplina por muitas décadas, a partir de seus apontamentos de 1824:

> Considerou-se que a História deveria julgar o passado, instruir o presente para o benefício das gerações futuras. Tais grandiosas pretensões não são aspirações desta obra: quer, apenas, mostrar o que propriamente aconteceu (*wiees eigentlich gewesen*).

Mais do que julgar, compreender (*verstehen*) o passado, baseando-se na crítica erudita das fontes (*Quellenforschung*), essas as pretensões do positivismo historiográfico nascente. A referência a Cícero, na passagem acima, é clara: a História não deve ser a mestra da vida. Já nos seus inícios, a História positivista e acadêmica encontrou seus críticos, desconfiados da pretensa objetividade do historiador. John Gustav Droysen (1808-1884), professor de História em Berlim ironizou a "objetividade de um eunuco" de Von Ranke, assim como Jacob Burckhardt (1818-1897), professor de História em Basiléia, na Suíça, denunciou a aridez do estilo descritivo positivista. Como veremos, a valorização da beleza e da subjetividade desses dois críticos pioneiros será importante no século XX. O positivismo, no entanto, surgia com toda sua pujança.

A História Positivista

- Rompimento com a tradição literária: discurso árido e erudito
- Crítica das fontes históricas: em busca da verdade
- Descrição do que propriamente aconteceu
- Institucionalização da disciplina História na Universidade

III
A Escola Metódica

Conhecimento indireto e confusão marcaram os estudos historiográficos que tiveram a Escola Metódica como objeto. Na trajetória do pensamento histórico, seus autores são mais citados que conhecidos. Um grande número de estudiosos de teorias e métodos que se opuseram aos metódicos, em seu contexto ou naqueles da Escola dos *Annales* e de sua posteridade, certamente tomou contato com textos fundacionais dos historiadores metódicos. Contudo, o "lugar" que esses textos e historiadores ocuparam e ocupam na história da disciplina histórica conferiu-lhes, paradoxalmente, uma espécie de ostracismo, tendo subsistido em sua epistemologia sempre por vias indiretas, nas alusões, nas paráfrases e nas citações das citações. Daí uma dedução: a Escola Metódica é comumente negligenciada nos estudos historiográficos; isso advém não do desconhecimento de suas proposições, mas de sua associação a escolas e movimentos que lhe foram contemporâneos (e.g. Historicismo e Positivismo) e com os quais partilha algumas proposições.

Para o senso comum historiográfico, os metódicos entram para a epistemologia da disciplina com as críticas de Lucien Febvre (1878-1956) e Marc Bloch (1886-1944) a Charles-Victor Langlois (1863-1929) e Charles Seignobos (1854-1942), com o advento dos *Annales*. Críticas das quais é necessário abstrair seu grande componente político, em benefício de uma valoração maior das continuidades, rupturas e transformações nas teorias e nos métodos dessas duas escolas.

A Escola Metódica se constitui de um conjunto de historiadores fortemente marcados pela derrota na guerra franco-prussina de 1870 e pela pesquisa histórica alemã, fatores que muito influenciaram o pensamento histórico na França no contexto da III República (1870-1940). A derrota do exército francês marca, além de um trauma na história do país, uma ruptura na historiografia do período, conferindo à nação não só a necessidade de uma segunda origem, que suplantasse o fracasso militar, mas também a de novas formas de se representar a história nacional, fundando ou refundando identidades. A influência do pensamento histórico alemão está no fato de muitos dos principais historiadores franceses do período terem realizado seus estudos na Alemanha, entre eles, Gabriel Monod (1844-1912), Charles Seigno-

Teoria da História 35

bos e Ernest Lavisse (1842-1922). Formados em meio a grandes eruditos como Theodor Mommsen (1817-1903), eles influenciariam na formação das futuras gerações de historiadores franceses.

Como todos os representantes de escolas intelectuais que se pretendem paradigmáticos, os metódicos buscam na crítica e no rompimento com aqueles que os precederam a fundamentação de seu *modus faciendi*, pleiteando a constituição de uma história não esvaziada de significado, na qual a existência dos documentos — sobretudo escritos —, a ausência da parcialidade e o rigor do método são os requisitos imprescindíveis da empresa e dos procedimentos científicos. A geração anterior à derrota de 1870 assinala na historiografia as marcas dos embates do Antigo Regime e da Revolução, contra muitas das quais se erigiriam os metódicos; para ela, 1789 é o berço da França moderna, o evento maior da história nacional e a medida para se avaliar o passado. Ruptura, a Revolução evidencia a presença de uma experiência contraditória, que eliminava os liames de continuidade da história nacional, vista a "impossibilidade" de representar, a partir de então, uma nação que partilhasse de um passado e de valores comuns. Dos embates suscitados por preocupações dessa geração de historiadores, para os quais a história está no pináculo e opera como meio de legitimação e explicação dos problemas políticos, desenvolve-se uma historiografia voltada para a história nacional, cuja preocupação maior estará na constituição de ideais de identidade, continuidade e comunidade de destinos da nação. É esse universo intelectual que embasará o trabalho de muitos dos principais historiadores tidos como metódicos. O "nascimento" da escola é habitualmente datado da publicação do primeiro número da *Revue Historique* (1876), sendo considerado seu *Avant-propos*, assinado por Gabriel Monod e Gustave C. Fagniez (1842-1927), um texto fundador de seus pressupostos:

> Os estudos históricos assumem, em nossa época, uma importância sempre crescente, e torna-se cada vez mais difícil, mesmo para os sábios da profissão, manterem-se a par de todas as descobertas, de todas as pesquisas novas que se produzem cada dia (...) Cremos responder aos desejos de uma grande parte do público letrado, em criando, sob o título de *Revue historique*, uma coletânea periódica destinada a favorecer a publicação de trabalhos originais (...) e a fornecer ensinamentos exatos e completos sobre o movimento dos estudos históricos (...) (MONOD & FAGNIEZ, 2006).

Deste enunciado que abre o prefácio da revista, dois pontos se destacam como representativos de suas proposições: o interesse pela história e sua importância sempre crescente no período e a pedagogia da disciplina. Ao primeiro se liga a idéia de que é o XIX o século da Revolução, da ascensão dos nacionalismos e do surgimento de países como a Itália e a Alemanha. Daí advém a necessidade de se explicar as nações; é bem o contexto de institucionalização da disciplina história, mas também de efervescência de outras áreas do conhecimento. Ao segundo se liga as preocupações científicas da disciplina, ao anunciar a pretensão da revista de fornecer ensinamentos exatos e completos. A esta proposição estaria vinculada a publicação de trabalhos originais, voltados para um público maior, que

Teoria da História   37

teriam por objetivo evitar controvérsias contemporâneas e que deveriam se constituir na imparcialidade de espírito, manifestação de uma história como um fim em si mesma, como observava Monod (2006) — *com o rigor do método e a absência da parcialidade.* A revista não deveria fazer nem obra de polêmica nem de vulgarização, nem se constituir numa coletânea de pura erudição:

> Ela [a revista] não admitirá mais que trabalhos originais e de primeira mão, que enriqueçam a ciência, seja pelas pesquisas que serão a base, seja pelos resultados, que serão a conclusão; mas sempre aí reclamando de nossos colaboradores procedimentos de exposição estritamente científicos, onde cada afirmação seja acompanhada de provas, de reportação às fontes e de citações; daí excluindo (...) as generalidades vagas e os desdobramentos oratórios, conservaremos à *Revue historique* o caráter literário, ao qual os sábios, assim como os leitores franceses atribuem, com razão, tanto valor.

O adjetivo "metódica" conferido à escola que se inicia com a *Revue Historique* não é destituído de significação — resume as preocupações de uma escola intelectual que atribui ao rigor do método a única maneira de se chegar ao conhecimento histórico, afastando-se da especulação e da não objetividade.

Assumindo como marco histórico-cronológico *a história européia desde a morte de Teodósio (395) até a queda de Napoleão I (1815)*, Monod e Fagniez justificam isso em virtude do fato de ser para esse período que os arquivos e as bibliotecas conservam o maior dos tesouros inexplorados e também pelo desejo de se absterem de questões contemporâneas. O *objetivo desinteressado e científico e o espírito de imparcialidade* que animam a revista são respaldados pela lista dos 53 colaboradores que antecede o final do prefácio. Ligados aos Arquivos Nacionais, à Academia de Inscrições, à Biblioteca Nacional, à *École des Carthes* e a diferentes universidades, quase todos guardam, com seus ofícios, estreitas relações com práticas documentais de organização, gestão e conservação, mantendo, com isso, uma aproximação não ocasional dos pressupostos metódicos. Desses, aqueles da imparcialidade e da isenção anunciada nos primeiros parágrafos do *Prefácio* se chocam com o término do mesmo, que diz que: "O estudo do passado da França, que será a principal parte de nossa tarefa tem (...) uma importância nacional. É por ela que podemos dar a nosso país a unidade e a força morais das quais ele tem necessidade, em lhe fazendo (...) conhecer suas tradições históricas e compreender as transformações que elas acarretaram".

Ainda no primeiro número da *Revue Historique*, segue ao *Prefácio* aludido um texto de Monod, intitulado *Do progresso dos estudos históricos na França desde o século XVI*, cujo objetivo está em apresentar o desenvolvimento dos estudos históricos até o advento da revista, que representaria o coroamento da trajetória da disciplina até então. Nesse texto, Monod faz uma crítica aos historiadores de outros períodos pelo fato de terem em mente mais o presente que o passado, dizendo não ter existido e não ter podido existir, no sentido exato do termo, ciência histórica na Idade Média. Para ele, é na Renascença que se iniciam os estudos históricos, que se desenvolvem sob influxos da imprensa, do Humanismo e da crítica teológica. Secundada pela interdisciplinaridade e por um *método rigoroso e uma crítica prudente, a História pode senão descobrir sempre a verdade completa ao menos determinar exatamente sobre cada ponto, o certo, o verossímil, o duvidoso e o falso*. A Alemanha é nesse domínio o grande referencial, visto ser *quem contribuiu mais fortemente para o trabalho histórico de nosso século*. A contraposição de opostos binários elaborada por Monod ao longo do texto (Alemanha/França) é sintomática a esse respeito.

O gênio voltado para a erudição, o pouco desenvolvimento da vida política e industrial, a importância atribuída à organização das universidades, a publicação de textos e críticas de fontes contribuem, segundo Monod, para o maior avanço da Alemanha em termos de constituição da ciência histórica. Esses fatores são enfaticamente abordados no texto, ainda que à ciência alemã ele impute a prolixidade, o apego a minúcias e sutilezas. Longe de ter a mesma regularidade, os estudos históricos na França seriam ligados à *ausência de tradições científicas e de unidade de direção*, mantendo vínculos com os caminhos da imaginação, do sentimento artístico e literário, das paixões políticas e religiosas que conduziram tão *freqüentemente a alterar a verdade*. Contudo, segundo Monod, cabia aos historiadores franceses o mérito *de ter procurado o homem no lugar dos fatos, e de ter criado uma agitação intelectual fecunda pela quantidade de pontos de vista novos, de idéias gerais — prematuras freqüentemente —, mas quase sempre engenhosas e interessantes*.

Com a união dos pares e organização do ensino superior, em uma época mais que outras própria ao *estudo imparcial e simpático* do passado, caberia à História dar conta dos acontecimentos dolorosos da nação que romperam com esse passado e *mutilaram a unidade nacional lentamente criada por séculos*, propiciando a todos se sentirem *filhos do mesmo solo, crianças da mesma raça, não desacreditando nenhuma parte da herança paternal; todos filhos da velha França e, ao mesmo tempo, todos cidadãos da França moderna*. É assim que a história, sem se propor outro objetivo e outro fim que o proveito que tiramos da verdade, trabalha de maneira secreta e segura para garantir a grandeza da Pátria (...) [e] o progresso do gênero humano.

Vinte e dois anos depois da publicação do primeiro número da *Revue Historique* (1898), Langlois e Seignobos publicariam sua *Introduction aux études historiques*, texto clássico e representativo dos metódicos e grande tributário dos ideais de Monod e Fagniez, que se constituiria no manual formador de gerações sucessivas de historiadores. Se os pressupostos metódicos foram estabelecidos pelos idealizados da *Revue Historique*, sua divulgação e posteridade são devidas em grande parte ao impulso historiográfico dessa contribuição e à relevância que confere à formação dos historiadores, na busca de uma distinção constante, pelo método, de pares como Michelet (1789-1874) e outros românticos.

Para além da pesquisa acadêmica, a influência dos metódicos se faz sentir fortemente na educação, em todos os níveis de ensino, espaço de expressão máxima de seus pressupostos e de suas contradições, mantendo uma relação umbilical com o pensamento sobre a nação. A escola é, nesse ponto, a instância privilegiada de difusão dos valores nacionais. Do ensino primário àquele das universidades, a educação é reformada durante a III República sob os influxos dos metódicos. Manuais como o simbólico *Introduction aux études historiques* ou o *Petit Lavisse* marcam as reformas e pretensões da disciplina histórica no período. A escola e o ensino de história devem nutrir o sentimento nacional, propiciando o amor e a compreensão da pátria dos antepassados gauleses e das glórias nacionais, como descrito na *Histoire de France* (1900-1912) de Lavisse, para o qual importava a crença republicana de que a educação ocupava um papel significativo no projeto nacional. Presentes em todo universo intelectual francês, particularmente entre 1886 e 1929 (mas também até a ruptura de 1940 e depois), os metódicos dirigem grandes coleções de História (*Histoire de France* — E. Lavisse; *Histoire Générale* — A. Rambaud; *Peuples et civilisations* — L. Halphen e Ph. Sagnac etc.), participam das reformas do ensino e atuam, enfim, de modo expressivo na obra escolar da III República. Ocupando cátedras em importantes universidades e altos cargos junto ao poder público, eles muito contribuem para a difusão de seus axiomas, nem sempre incólumes de críticas em seu próprio contexto, como o exemplifica aquela feita pelo economista, sociólogo e historiador François Simiand (1873-1935) — o denunciante dos três 'ídolos da tribo dos historiadores' (político, cronológico e individual) — a Langlois e Seignobos. É sob a injunção dessa análise que se estabelecerá, posteriormente, a crítica da Escola dos *Annales* à Escola

Metódica, fundando, ambas — a crítica e os *Annales* —, paradigmas rupturais na história da disciplina.

A ESCOLA METÓDICA

- França — segunda metade do século XIX
- (Derrota francesa na guerra franco-prussiana)
- Investigação histórico-científica — rigor do método
- Importância capital do documento

IV
A CONCEPÇÃO DE HISTÓRIA EM MARX

O marxismo é um dos sistemas de pensamento mais influentes desde o início do século XX; suas idéias econômicas, políticas e sociais, originárias dos influxos de Marx e Engels conheceram diferentes desdobramentos e ainda hoje marcam a epistemologia de diversas áreas. Luta de classes, ideologia, alienação, mais-valia, proletariado, fetichismo, socialismo e comunismo são palavras comumente ligadas ao seu vocabulário, sendo representativas de um amplo modelo ao qual se associam concepções teóricas e práticas do pensamento social.

Marx é filho de pais com ascendência judaica, convertidos ao protestantismo em virtude das perseguições e restrições impostas aos judeus na Prússia, sendo natural de Tréveris, na Renânia, onde concluiu seus estudos secundários (1835). No mesmo ano ingressa na Faculdade de Direito de Bonn, da qual se transfere no ano seguinte para o mesmo curso, na Universidade de Berlim e, posteriormente, para a Universidade de Jena, onde defende em Filosofia (1841) a tese intitulada *A Diferença entre a Filosofia da Natureza de Demócrito e a de Epicuro*. É em Berlim que Marx toma contato com a filosofia de Hegel (1770-1831) — ao ligar-se ao círculo dos "jovens hegelianos", ou hegelianos de esquerda, que compunha uma das partes de duas das principais vertentes analíticas da obra de Hegel; a outra era denominada "direita hegeliana". Contrapostas, essas tendências marcaram o pensamento filosófico acerca do Estado prussiano e da religião de então, manifestando-se nos embates em torno de dois aspectos da filosofia de Hegel: o metafísico e teológico e o político.

Para a direita hegeliana, inspirada no "Idealismo" e voltada para o conservadorismo e a ortodoxia, o Estado era considerado a mais alta realização do Espírito (*Geist*), representando a completude da dialética postulada pelo filósofo — a manifestação do desenvolvimento social em sua totalidade. Já para os jovens hegelianos, uma concepção de mundo pautada em referenciais materiais constituía sua diretiva de interpretação (informada pela negação da idéia de Espírito Absoluto). Hegel deveria ser interpretado em um sentido revolucionário, a sociedade prussiana estava aquém do que vislumbravam os idealistas e o Estado não dava conta de modo satisfatório das mazelas político-sociais.

Em relação à religião, também motivo de dissensão, o Cristianismo era a fonte das maiores querelas. Li-

Teoria da História 45

gado principalmente ao Estado prussiano, o hegelianismo de "direita" atinha-se ao idealismo metafísico, intentando conciliar a doutrina de Hegel e os dogmas cristãos. Tentativa essa em larga medida respaldada pela própria obra de Hegel. Para a "esquerda hegeliana", a renúncia às explicações espiritualistas e a crítica ao Cristianismo marcava sua interpretação do filósofo, numa espécie de adequação de Hegel aos seus postulados. Se por um lado, os hegelianos de "direita" justificavam o Estado e o Cristianismo, por outro, os de "esquerda" convertiam o idealismo em materialismo, como forma de crítica social, voltando Hegel contra si mesmo; a essa vertente se ligaram nomes como Bruno e Edgar Bauer (1809-1882/1820-1886), Max Stirner (1806-1856), David Strauss (1808-1874), Ludwig Feuerbach (1804-1872), Karl Marx e Frederic Engels (1820-1895), contudo, variantes na interpretação da obra de Hegel conduziram a divisões dentro desse próprio segmento.

Entre "jovens hegelianos" Feuerbach pode ser considerado a maior influência de Marx, mas é de Hegel que advém a matriz de pensamento tanto de um quanto de outro. No centro das críticas de Marx, dois vetores de suma importância presentes em Hegel: o espírito e a dialética. Para Hegel (1998):

> A história do espírito é o seu feito, pois ele é somente o que ele faz, e o seu feito é o de fazer-se, e aqui propriamente enquanto espírito, objeto da sua consciência, de apreender-se, expondo-se para si mesmo. Esse apreender é o seu ser e o seu princípio, e o *acabamento* de um [estágio do] apreender é simultaneamente a sua exteriorização que o aliena de si e a sua passagem [a

um estágio superior]. Exprimindo formalmente, o espírito que apreende de *novo* esse apreender e, o que é o mesmo, que se adentra de novo em si mesmo a partir da sua exteriorização-alienação, é o espírito do estágio mais elevado em face de si, tal como ele se encontrava nesse primeiro apreender.

O mundo para Hegel é o vir a ser do Espírito, em que a alienação (estranhamento do homem em seu meio, espaço em que não se reconhece) é o grande ponto de partida rumo ao desenvolvimento racional e inexorável da história. O mundo material é, aí, subordinado à lógica do mundo do Espírito, mundo no qual tudo se origina e para o qual tudo se volta. A crença num Espírito que a tudo antecede é parte da dinâmica que conduz à dialética hegeliana, cuja principal referência é o princípio das contradições: tese (afirmação), antítese (negação) e síntese (negação da negação), como botão que a flor refuta. *Do mesmo modo que o fruto faz a flor parecer um falso ser-aí da planta, pondo-se como sua verdade em lugar da flor: essas formas não só se distinguem, mas também se repelem como incompatíveis entre si. Porém, ao mesmo tempo, sua natureza fluida faz delas momentos da unidade orgânica, na qual longe de se contradizerem, todos são igualmente necessários* (HEGEL, 2000).

É a história universal a fonte de referências na qual Hegel fundamenta sua dialética. O trabalho pode ser visto como uma ilustração de seu método e é por ele que o homem transforma/domina a natureza, cumprindo o ciclo dialético, negando a matéria-prima, modificando-a e elevando-a. Em Hegel esse processo é subordinado à lógica do Espírito, já para Marx, a dialética aí estava invertida — estava de "cabeça para baixo" —, o ponto de partida não poderia ser o Espírito, mas sim o mundo físico. Como para Marx, Feuerbach crê que o que garante o conhecimento, a ação e a possibilidade de entendimento do mundo não está no universo das idéias, mas na matéria. A crítica de Feuerbach é anti-religiosa e antiteleológica — a idéia de Deus justo e bom é atributo humano. Para Hegel, a razão que entende o mundo, o constitui e o transforma é dada a partir do Espírito.

À concepção teleológica da história de Hegel se junta, em Marx, um projeto político de libertação da humanidade, no qual o processo histórico se dá fora do mundo das idéias. Em Marx há uma orientação da ação política a partir da história. Se o trabalho, que antes libertava o homem e possibilitava a sua realização/afirmação no mundo se tornou a fonte de opressão desse por seus iguais, a indagação que se coloca é quais são as causas dessa opressão. Da leitura de sua obra se pode depreender que são: a divisão social do trabalho, a propriedade privada dos meios de produção e a divisão da sociedade em classes. A esses fatores se pode atribuir como causa o estranhamento do homem em relação às suas atividades no mundo (e.g., a atividade do marceneiro não dá sentido ao homem quando autômata); o estranhamento em relação ao produto (e.g. no qual o sujeito não se reconhece naquilo que realiza — o resultado de seu trabalho pode ser feito por qualquer um, além do mais, não lhe pertence e dele não pode usufruir). É a consciência histórica desse processo de opressão que fundamenta a concepção de história em Marx, não havendo livro ou texto específico no qual Marx ou Marx e Engels tenha(m) trabalhado com o objetivo de estabelecer essa concepção, ainda que possa ser apreendida de forma mais completa em textos como *A ideologia alemã*, *A miséria da filosofia* e o *Manifesto do Partido Comunista*.

Inserido nos debates intelectuais de seu contexto na Alemanha e nos demais países europeus, Marx intenta ofertar respostas aos problemas apresentados, mas seus escritos não devem ser entendidos somente nesse sentido, pois há uma preocupação em pensar como é possível agir, intervir na realidade. Na *Questão judaica* (1843), por exemplo, critica um texto de igual título escrito por Bruno Bauer. Num contexto em que a religião é considerada de Estado e no qual os judeus sofriam diferentes tipos de opressão e exclusão, Bauer apregoa sua emancipação postulando o imperativo de se despojarem de sua religião como forma de se libertarem do jugo que sofriam. A exigência é *que o judeu abandone o judaísmo e que o homem em geral abandone a religião para ser emancipado como cidadão* (MARX, 1991). Para Marx, trata-se da libertação dos homens, da humanidade e não só dos judeus, pelo que denomina erro a concentração da crítica no "Estado cristão", ao invés de no Estado, em geral. A existência da religião não é um fator ao qual se opõe a emancipação política *acabada*.

A emancipação política da religião não significa a emancipação da religião, visto que a primeira não implica na emancipação humana. A emancipação civil, a emancipação política, implicaria na libertação dos laços feudais e na concessão de direitos civis, individuais, reiterando, o direito a privilégios burgueses, como a propriedade, não contemplando a totalidade, já a emancipação humana contribuiria para a libertação dos homens do império a que estavam submetidos pela desigualdade e pelo individualismo. Pode-se perceber nesse texto da juventude de Marx um dos pilares de seu pensamento, que se constitui da idéia de consciência e transformação social, afastando-se da idéia de Espírito de Hegel e, também, da religião, centrando nos homens (e, conseqüentemente, na história) o imperativo de sua emancipação.

É em *A ideologia alemã* (1845-1846) o texto em que Marx e Engels mais desenvolvem sua concepção de história, dando continuidade à sua crítica aos jovens e velhos hegelianos. Para eles, os críticos de Hegel não tinham tentado uma crítica de conjunto do sistema hegeliano e não observavam *a conexão entre a filosofia alemã e a realidade alemã, a conexão entre a sua crítica e o seu próprio meio material* (MARX/ENGELS, 1999). Essa leitura dos críticos de Hegel reapareceria em Ad Feuerbach (1888) — de Marx, em diferentes teses, notadamente na tese XI, que dizia: Os filósofos se limitaram a interpretar o mundo de diferentes maneiras, o que importa é transformá-lo. Para a crítica ao idealismo hegeliano, volta-se a práxis revolucionária e transformadora, em *A ideologia*:

> Os pressupostos de que partimos não são arbitrários (...) São pressupostos reais de que não se pode fazer abstração a não ser na imaginação. São os indivíduos reais, sua ação e suas condições materiais de vida, tanto aquelas por eles já encontradas, como as produzidas por sua própria ação. (...) O primeiro pres-

> suposto de toda história humana é naturalmente a existência de indivíduos vivos (...) Toda historiografia deve partir destes fundamentos naturais e de sua modificação no curso da história pela ação dos homens. (...) os homens devem estar em condições de viver para poder "fazer história". Mas, para viver, é preciso antes de tudo comer, beber, ter habitação, vestir-se e algumas coisas mais.

Marcada pela crítica ao idealismo e ao materialismo vulgar, é em *A Ideologia* que se percebe a crença marxiana de que a compreensão do mundo deve partir dos homens, do mundo e da vida real. Esses referenciais pautam, também, a *Miséria da filosofia* (1847), obra na qual Marx contesta, pontualmente, os pressupostos de a *Filosofia da miséria* (1846), de Pierre-Joseph Proudhon (1809-1865). Para Marx, Proudhon eterniza, ao modelo dos economistas, relações da produção burguesa, divisão do trabalho, crédito, moeda etc., como categorias fixas imutáveis, a despeito de todo movimento histórico das relações de produção, *de que as categorias apenas são a expressão teórica* (MARX, 1978). Para Marx, nas eternidades imutáveis e imóveis não há história. É no combate às categorias eternas e ao aporte que dele decorre que traz ao pensamento marxiano a idéia de história como processo. Nas críticas a Proudhon, Marx estabelece pressupostos de seu método e de sua concepção de história, colocando o proletariado como classe atuante e transformadora na realidade social ao definir a historicidade das categorias econômicas como princípio basilar de sua crítica. A "complementaridade" da trajetória desse pensamento pode ser observada no *Mani-*

Teoria da História 51

festo do partido comunista (1848), obra escrita conjunta-
mente com Engels. De linguagem simples (voltada para
a divulgação), o *Manifesto* representa a maturidade das
reflexões de seus autores a respeito da revolução social que
propugnam, estabelecendo seus pressupostos e critérios.

A base da concepção de história em Marx no *Manifesto* centra-se no princípio da contradição. *A história de
toda sociedade até hoje é a história de luta de classes. Toda
sociedade até aqui existente repousou, como vimos, no antago-
nismo entre classes de opressores e classes de oprimidos* (MARX,
1996). Para Marx, foram os antagonismos de classe e a ex-
ploração de uma parte da sociedade por outra em diferentes épocas fatores determinantes do movimento histórico.
Em sua atualidade, era o proletariado, cuja luta contra a
burguesia começara com sua própria existência, que consistia na classe verdadeiramente revolucionária. Chamado
à ação, o *Manifesto* pode ser entendido como uma síntese
do método marxista e de sua interpretação da história.

Essas breves incursões na obra de Marx já nos per-
mitem a sistematização de algumas considerações em relação à sua concepção de história; uma primeira liga-se a
seu fundamento materialista. *O modo de produção da vida
material condiciona o desenvolvimento da vida social, política e intelectual em geral. Não é a consciência dos homens que
determina o seu ser; é o seu ser social que, inversamente, determina a sua consciência* (MARX, 1973). Essa determinação
material se dá pela produção e pelas forças produtivas,
impelindo um caráter evolutivo e contraditório à história.
A produção, resultado das atividades do homem ao longo
da história, faz dessa um processo de desenvolvimento das

forças produtivas, estabelecendo uma espécie de regularidade do processo histórico, cuja idéia teleológica de desenvolvimento contraditório, conflitivo e de constante superação seriam, em larga medida, tributárias da influência hegeliana. O conceito de produção é imprescindível para se compreender a noção de história em Marx. A produção é social e culturalmente determinada ao longo do processo histórico, estando na base da concepção materialista de história. Para Engels (1980), foi Marx *o primeiro a tentar pôr em relevo, na história, um processo de desenvolvimento, uma conexão interna*, conexão essa à qual se liga o trato histórico da matéria.

O desenvolvimento da história postulado por Marx tem na revolução a *força motriz* da história (1999) e nas bases reais (materiais) seu principal fundamento, conduzindo ao imperativo de que a história deve ser escrita em consonância com critérios situados dentro dela e não fora. Pode-se afirmar que Marx cria uma teoria social que se volta a diferentes grupamentos humanos. A concepção etapista de história como sucessão dos modos de produção que atendem a uma lei inexorável na história consiste numa leitura reducionista do pensamento de Marx. Essa leitura pode ser imputada ao marxismo vulgar, que insiste em ver em Marx somente a práxis economicista do método. O pensamento marxiano, fundamentalmente ligado à crítica à divisão social do trabalho, à propriedade privada e à crítica à desigualdade social consistiu e consiste numa das mais importantes contribuições intelectuais à história da humanidade. A dialética materialista esteve e está na base epistemológica de escolas e correntes de pensamento;

objeto das mais variadas críticas e suscetível às mais diferentes adequações, a obra de Marx deve constituir-se em leitura obrigatória para todos aqueles interessados numa compreensão mais elaborada dos universos sociais.

A CONCEPÇÃO DE HISTÓRIA EM MARX

- Crítica ao idealismo hegeliano
- A história como obra das ações humanas e o processo histórico é sua objetivação
- Concepção dialética da história

V
A Escola dos *Annales*

"*Da produção intelectual, no campo da historiografia, no século XX, uma importante parcela do que existe de mais inovador, notável e significativo, origina-se da França*". Com esta frase Peter Burke inicia e conclui seu estudo a respeito da Escola dos *Annales* (1991). Ela não é desprovida de sentido, principalmente ao se considerar que os desdobramentos historiográficos que se conhece hoje são em larga medida tributários dos *Annales*. Objeto de confusões e simplificações no meio historiográfico, que vão da imprecisão conceitual ao desconhecimento homogeneizador, a Escola dos *Annales* é conhecida por seu caráter paradigmático na história do pensamento histórico.

É em Estrasburgo que se origina a união entre seus fundadores, o especialista no século XVI Lucien Febvre

(1878-1956) e o medievalista Marc Bloch (1886-1944). Anexada ao Império Germânico com derrota francesa na Guerra franco-prussiana, Estrasburgo se torna, novamente, possessão francesa com o fim da Primeira Guerra Mundial. Com a perda do território em 1870, sua reanexação em 1919 é também um marco na historiografia francesa. Recém-anexada, o governo francês faz de sua universidade uma vitrine da pesquisa empreendida, que passa a contar com um número significativo de importantes intelectuais, que formam um pólo científico visando fazer frente aos ocupantes anteriores. Essa referência é de se notar, visto a importância que assumirá nas configurações dos *Annales*. Ao lado de grandes ícones como os sociólogos Maurice Halbwachs (1877-1945) e Gabriel Le Brás (1891-1970), o psicólogo Charles Blondel, os historiadores Georges Lefebvre (1874-1959) e André Piganiol (1883-1968) e de outros nomes ligados a diferentes áreas, Febvre e Bloch passam a lecionar na Faculdade de Estrasburgo (1920), respectivamente como professor e *maitre de conférences*. Data daí a aproximação daqueles que seriam, em 1929, os fundadores da revista *Annales d'Histoire Économique et Sociale*.

Se os metódicos se insurgiram contra os românticos e pretenderam uma ruptura em relação a eles, pode-se dizer que os historiadores dos *Annales* também tiveram um alvo para suas críticas e construíram, em torno dele, o que julgavam ser um novo paradigma. Como a *Revue Historique* pretendera pôr o ponto final na tradição historiográfica que lhe precedera, os *Annales* de igual modo a isso também pretenderam. No prefácio do primeiro nú-

Teoria da História

mero da revista, à enorme semelhança daquele do primeiro da *Revue Historique* e de algumas passagens do texto de Monod, pode-se perceber seu caráter ruptural e anunciador, nas palavras de Febvre e Bloch (1929): *Ainda um periódico (...). Para alguns (...) nossa revista, na produção francesa, européia ou mundial não é a primeira. Cremos (...) que ao lado desses gloriosos ancestrais, ela terá seu lugar ao sol. Ela se inspira em seus exemplos, mas aporta um espírito que lhe é próprio.*

A grande referência ao redor da qual se constrói o "novo" paradigma está na crítica advinda das Ciências Sociais, principalmente aquela dos problemas apontados por François Simiand. Tendo em vista os metódicos, Simiand criticava (1903), principalmente, aquilo a que chamava de "ídolos da tribo dos historiadores", que para ele eram três: O "ídolo político" — *o estudo dominante (...) a preocupação perpétua da história política, dos fatos políticos, das guerras etc.*; o "ídolo individual" — *o hábito inveterado de conceber a história como uma história dos indivíduos*, e o "ídolo cronológico" — *o hábito de se perder nos estudos das origens*. Antigo aluno da École Normale Supérieur, Simiand é discípulo de Durkheim (1858-1917), filiação que torna sintomática a crítica que faz aos historiadores, conhecida como uma das mais contundentes à história dita "historicizante". Simiand se forma, intelectualmente, no mesmo período de hegemonia da história política tradicional, na linha de Monod e Fagniez e de Langlois e Seignobos, fazendo da obra desses seu alvo principal. Propugna uma análise histórica menos descritiva e mais relacional, mais social, que encontraria a "causalidade" nas esferas coletivas e não individuais da sociedade, rompendo com a história "événementiele". Em sua lógica, a história se converteria em ciência se descobrisse as regularidades do passado, as leis que o moviam.

É esse o contexto de profundas mudanças nas Ciências Humanas; na sociologia de Durkheim, por exemplo, operações classificatórias ocupam um lugar significativo na composição da idéia de "tipo social", rompendo com procedimentos que tomavam os fatos como resultados essencialmente das ações individuais de grandes homens. O conhecimento adviria pela confirmação obtida da análise de um grande número de fatos no tempo, metodologia que colocava a sociologia como tendo um arco cronológico maior, histórico. A história, para Simiand e Durkheim, é parte integrante das Ciências Sociais e sob os influxos desta se reelabora. Simiand será o autor mais utilizado pelos historiadores dos *Annales* na crítica aos seus colegas da velha geração.

De Estrasburgo a revista migra para Paris, com a nomeação de Febvre para o College de France (1933) e de Bloch para a Sorbonne (1936). Para Burke, *levando-se em consideração a importância de Paris para a vida intelectual francesa, essas transferências são sinais evidentes do sucesso (...) dos Annales*. Em um plano global, o grupo se distinguia dos historiadores anteriores por algumas características centrais: percepção do social em detrimento do individual; inserção em novos e diferentes campos — além do político, o econômico, o social e o cultural; pressuposto de uma história problema, em substituição à tradicional história narrativa, dos acontecimentos. Comumente, os historiadores dos *Annales* foram classificados em três gerações. A primeira liga-se aos fundadores da revista, Febvre e Bloch, a segunda, principalmente a Fernand Brudel e a terceira já a um conjunto de historiadores.

1ª GERAÇÃO (1929-1945)

Febvre e Bloch têm uma trajetória comum, foram alunos da prestigiosa École Normale Supérieure e vivenciaram tanto a influência de Durkheim quanto a interdisciplinaridade propiciada pelos anos de Estrasburgo, que aportaram a seus trabalhos e orientações importantes contribuições de diferentes áreas, numa prática epistemológica que objetivava romper com a história política e dos eventos, dos reis, das guerras etc. aquela à que Burke chamou (1991) de *Antigo Regime da historiografia*. Para Febvre, o problema é o começo e o fim de toda história. *Se não há problemas, não há história (1989)*. Com isso propugnava uma história que formulasse hipóteses, que fosse "cientificamente conduzida" (1989), não automática, mas problemática (1989, p. 49), que além de não se fazer somente com textos deveria cotejar as ciências vizinhas. A mudança aí é não só na concepção de documento, mas também da constituição de corpus documental, cujo objetivo final é alcançar o homem. *História ciência do Homem, ciência do passado humano. E não (...) ciência das coisas, ou dos conceitos*, como observava Febvre (1989). Tal qual ilustrava Bloch (2001), *o bom historiador se parece com o agro da lenda. Onde fareja carne humana, sabe que ali está a sua caça*. Para Febvre, "*os fatos* (...) *mas são fatos humanos*; tarefa do historiador: encontrar os homens que os viveram, e deles os que mais tarde aí se instalaram com as suas idéias, para os interpretar"; "os textos, sim, mas são textos humanos. E as próprias palavras que os formam estão cheias de substância humana"; (...) "mas *todos os textos*. E não só os documentos de arquivos em cujo favor se cria um privilégio — o privilégio de daí tirar (...) um nome, um lugar, uma data; uma data, um nome, um lugar".

Esse exemplo ilustra bem o equívoco na crença lugar-comum de que a história dos *Annales* rompe com os textos e com os fatos. Os homens são os objetos da história. Tomados em sentido mais amplo, *não apenas os textos*, mas todos os documentos, e sobretudo os que "o feliz esforço de disciplinas novas proporciona" (1989). Já a importância da interdisciplinaridade, comumente reivindicada nas trilhas de Febvre e Bloch, talvez mereça uma problematização maior. Na sua *Introdução aos estudos históricos*, *Langlois e Seignobos* (1944) já dedicavam um longo capítulo à importância daquelas às quais chamavam "ciências auxiliares", fazendo referência à impossibilidade de o historiador exercer seu ofício sem um certo *lastro* de noções técnicas, a que nem disposições naturais, nem o método conseguiriam suprir.

Ainda que não se credite à Escola dos *Annales* a paternidade do recurso interdisciplinar (que antecede os metódicos), é com seus representantes que ele se institucionaliza e se consolida no campo da história. A maneira do "lastro", dito por Langlois e Seignobos, Bloch (2001) insistia na imprescindibilidade de um "verniz" que só adviria das "ciências auxiliares". Para Febvre, a especialização era o grande flagelo das ciências. Para ambos, isolada, a his-

Teoria da História

tória não possibilitaria mais que um conhecimento parcial de seus objetos. Muitos foram os influxos legados à disciplina por Febvre e Bloch e pelos demais historiadores dessa geração, um dos maiores talvez seja o rompimento da sinonímia estabelecida entre história e passado. A história é o estudo do "passado", mas não o passado em si; presente e passado são construções dos historiadores. O presente é o lugar temporal a partir do qual a prática histórica é realizada; é o lugar das problematizações que orientam essa prática. O passado é, por definição, um dado que nada mais modificará. Mas o conhecimento do passado, como observava Bloch (2001), é uma coisa em progresso que incessantemente se transforma e aperfeiçoa.

A essa compreensão é que se associa uma idéia muito presente na Escola dos *Annales* em todas as suas gerações — a de criação dos objetos. É contra a idéia de que os fatos deveriam somente ser registrados que também se "insurgem", fundamentando a idéia de que os fatos são criados, não bastando somente um método e a sua aplicação para que o fazer histórico se completasse, era necessário se aperceber da dimensão humana que orbitava tanto o documento quanto sua interpretação, sendo a "escolha" o elemento constituinte da criação dos objetos. É o historiador quem "chama os fatos à vida", lembrava Lucien Febvre (1989), logo, elaborar um fato é construí-lo. A propósito do livro *Introdução à história* (1946), de Louis Halphen, Febvre (1989) dá um exemplo que se considerado para além do documento escrito pode ilustrar sua crítica aos objetos prontos, já dados ao historiador, e também sua noção de história historicizante, aquela à qual combatia: *Vou lhe dizer... você recolhe os fatos. Para isso vai aos Arquivos. Esses celeiros de fatos. Lá, só tem de se baixar para os recolher. Cestadas cheias. Sacode-lhes o pó. Pousa-os na sua mesa. Faz o que fazem as crianças quando se divertem com "cubos" e trabalham para reconstruir a bela imagem que alguém decompôs para elas... A partida está jogada. A história está feita.*

História que basta a si mesma e que pretende bastar ao conhecimento histórico, como dizia o filósofo Henri Berr (1863-1954). Citando o debate entre Berr e Louis Halphen (1880-1950), Febvre (1989) diz: *O que é de fato um historiador historicizante? (...) Henri Berr respondia, (...): um homem que, trabalhando sobre fatos particulares por ele mesmo escolhidos, se propõe ligar esses fatos entre si, coordená-los e depois (...) "analisar as mudanças políticas, sociais e morais que os textos nos revelam num dado momento".* Eis, de fato, a grande vidraça dos *Annales*. É importante considerar o componencial discursivo dessa crítica. Com sua identidade construída na contestação da geração "anterior", Febvre e Bloch apresentam-se, nas palavras de François Dosse, como anões confrontando-se com um gigante (1992); maior é a conquista quanto maior for o adversário. Importa considerar o ambiente intelectual referente, as disputas pelo poder nas universidades e a perturbação das certezas decorrentes do pós-Primeira Guerra. Sociologia e história disputam o controle de um mesmo campo do saber. Nesse contexto, a rejeição ao historicismo, ao político e a importância do presente marcam o discurso histórico. A inclusão do econômico e do social na agenda dessa primeira geração é, então, o grande mote temático de uma história que objetiva romper com as narrativas tradicionais. Levada a termo pela primeira geração, essa nova história, nova em seus resultados, talvez possa ser vista como já anunciada, desejada ou mesmo feita desde Voltaire (1694-1778) e Michelet (1798-1874).

2ª GERAÇÃO (1945-1968)

A segunda geração tem como grande representante Fernand Braudel (1902-1985). Aquele a quem François Dosse (1992) — um dos mais duros críticos dos *Annales* — denominaria de "homem intermediário". Por estar entre a herança de Febvre e de Bloch, absorvendo e/ou reelaborando suas distintas orientações e entre a primeira e a terceira gerações. Pode-se dizer metaforicamente que há uma "escolha" pela parte de Braudel do que herdar da primeira geração. De Febvre e Bloch segue a orientação interdisciplinar, advinda principalmente das influências do primeiro a importância atribuída à geografia e do segundo o enfoque nos aspectos econômicos da sociedade. As idéias de mentalidade, psicologia social e memória coletiva tornar-se-iam aspectos mais valorizados pelos sucessores de Braudel, sucedendo uma geração para a qual a história econômica tinha sido uma das grandes referências.

A trajetória acadêmica de Braudel é sintomática para a compreensão da natureza de seus contributos. Entre 1923 e 1932, seguindo o percurso comumente realizado por muitos recém-formados, é professor de colégio na Argélia, ainda colônia francesa. A essa experiência sucede, entre 1935 e 1937, a vinda ao Brasil, onde leciona, a convite, na recém-criada Universidade de São Paulo. A ele antecedem o antropólogo Claude Lévi-Strauss (1908-1995), o filósofo Jean Maugüé (1904-1985) e o geógrafo Pierre Monbeig (1908-1987). "Foi no Brasil que me tornei inteligente" viria a afirmar Braudel (DAIX, 1999). A experiência no estrangeiro e a pobreza contribuiriam para a composição de sua tese, auxiliando-o na constituição de seu universo temático e teórico. No Brasil, *indo para o interior, achávamos feiras como as que existiam (...) há 150 anos, rebanhos selvagens chegando, pastores vestidos de couro. Músicos cegos, um povo que canta e dança. (...) O Brasil é a mesma civilização, mas não na mesma idade. Foi efetivamente o Brasil que me permitiu chegar a uma certa concepção da história que eu não teria alcançado se tivesse permanecido em torno do Mediterrâneo* (DAIX, 1999).

É já tocado por essas mudanças que Braudel encontra Lucien Febvre em 1937 (vindo de um ciclo de conferências na Argentina), quando embarcou em Santos rumo à Europa. Desse encontro advém a origem de sua maior influência intelectual, da qual resultariam a mudança de sujeito de sua tese e sua orientação: *Filipe II (1527-1598) e o Mediterrâneo, belo tema, mas por que não, o Mediterrâneo e Filipe II?* Vê-se passar assim de uma história diplomática e personalista a uma história mais ambiciosa, na qual o indivíduo ocupa um lugar diminuto em face de um sujeito maior, o mar. A história de *O Mediterrâneo* é a história de uma das maiores elaborações teórico-metodológicas da segunda geração.

Tanto a carreira acadêmica quanto a elaboração da tese são interrompidas com os desdobramentos da Segunda Guerra (1939-1945). Designado oficial francês em ju-

Teoria da História 65

nho de 1940, Braudel é preso na seqüência e se torna prisioneiro em Mogúncia, de onde segue com a elaboração de sua tese e mantém correspondência com Febvre. De Mogúncia é transferido para o campo de punição de Lübeck, onde permanece até o fim da Guerra dando continuidade à elaboração da tese, que defenderá em 1947.

Após um longo processo de elaboração, "O Mediterrâneo" consagra Braudel como o historiador da síntese espaço-temporal, que objetiva a compreensão da totalidade dos fenômenos humanos mediante a análise social realizada principalmente pela união da Geografia e da História. É a Geografia que estará na base do pensamento braudeliano acerca de um dos tripés da estruturação temporal — a "longa duração" —, minorando o papel dos agentes sociais para dar lugar a um sujeito espacial, levando ao limite a importância atribuída por Febvre a essa disciplina. *O Mediterrâneo* divide-se em três partes — "cada uma das quais [segundo o autor — 1995] pretende ser uma explicação do conjunto", sendo elas: A primeira [a que] *trata de uma história, quase imóvel, que é a do homem nas suas relações com o meio que o rodeia, uma história lenta; Acima desta (...) pode distinguir-se uma outra, caracterizada por um ritmo lento (...) a história dos grupos e agrupamentos.* E a terceira da história tradicional, necessária se pretendemos uma história não à dimensão do homem mas do indivíduo (...) isto é, a da agitação de superfície, as vagas levantadas pelo poderoso movimento das marés (...).

Nessa divisão tripartite da obra corresponde a cada parte um modo de explicação do passado, centrado em uma ordem temporal que pode ser ilustrada em esferas de universos estruturais, conjunturais e factuais ou, em termos do tempo histórico, em um tempo geográfico, um tempo social e um tempo individual. Na Geografia residiria a explicação de uma história quase imóvel, que é repetição, lentidão e permanência, e que encontraria no mar e nas montanhas do Mediterrâneo situações plenas "de conseqüências, que, de um ponto de vista histórico, importa realçar". Para além desses imperativos e determinações Braudel situaria o tempo da "história social", uma história em que tudo parte do homem, dos homens — é a história dos grupos, dos destinos coletivos e dos movimentos conjuntos, já não mais uma história imóvel, mas uma história mutante, das estruturas econômicas, políticas e sociais.

Essa dinâmica se completa na história dos acontecimentos, das políticas e dos homens, marcadas pelos conflitos do tempo presente. Contudo, essa narrativa não se assemelha de modo algum àquelas inspiradas em Langlois e Seignobos. Braudel trata da política e da guerra, mas desloca o papel comumente atribuído aos indivíduos em prol de explicações que minoram a sua participação. Da crítica à impossibilidade de uma "história total", que não conseguiria contemplar a totalidade do humano, ao determinismo aprisionador do homem pela insistência de um mundo insensível ao seu controle, *"O Mediterrâneo"* é objeto dos mais distintos julgamentos, mas sua originalidade, principalmente no que concerne à transformação das noções de tempo e de espaço na história é comumente reconhecida pelos seus críticos.

Teoria da História

A obra de Braudel, seguramente, transcende *"O Mediterrâneo"*, e a própria segunda geração dos *Annales* transcende a importânica de Braudel, mas a tese e seu autor são juntos o que há de mais representativo desse segundo momento da Escola.

A Escola dos *Annales*

- Crítica à história metódica e positivista
- Importância interdisciplinar
- Construção do objeto

VI
A História Nova e outras historiografias

Ainda que também tenha sido utilizada para se referir à história da Escola dos *Annales* em sua totalidade, a expressão "História Nova" designa a história pretendida pelos historiadores da terceira geração do grupo. Essa ambigüidade marca uma delimitação em relação à história historicizante e uma reavaliação dos pressupostos teórico-metodológicos das gerações anteriores. Em ambos aspectos, dois trabalhos são significativos a respeito: A coleção *Faire de l'histoire* (1974), cuja novidade está ligada a três processos: "novos problemas" *colocam em causa a própria história*; "novas abordagens" *modificam, enriquecem, subvertem os setores tradicionais da história*; "novos objetos", *enfim, aparecem no campo epistemológico da história* (LE GOFF, NORA, 1995) e o dicionário *A história nova* (1978), organizado por Nora, que permitiria conhecer *o que foi, e o que ainda é, quanto a suas idéias principais, seus objetivos, seu território intelectual e científico, suas realizações, a história que foi chamada "nova"* (LE GOFF, 1990).

Promoção de um novo tipo de história, sem dúvida, mas como definir a Nova história? Um "movimento" que, segundo Peter Burke (1992, 10-16), *está unido apenas naquilo a que se opõe.* É ainda Burke a auxiliar nessa compreensão, contrastando a antiga e a nova história em termos de opostos binários dizendo, em face da dificuldade de estabelecer o que ela é, o que ela não é. É na interface entre avaliação e reelaboração que se situam os historiadores dessa geração que, ao contrário das outras, tiveram Febvre e Bloch e Braudel a capitaneá-las, é despersonalizada, caracterizando-se por uma maior fragmentação intelectual, que pode ser entendida como derivada de um contexto de "crise" da disciplina e das Ciências Humanas, em geral. Le Goff (1990) já apontava para essa dupla constatação no prefácio à nova edição de *A história nova.*

Problemas que decorriam do sucesso das inovações postuladas, da passagem de uma época de pioneiros a uma época de produtores, além da repercussão sobre a nova história da *incontestável crise das ciências sociais.* Em outros termos: a extensão e os desdobramentos que trouxeram como corolário, o aprofundamento da diversidade da nova história econômica e social, a longa duração, a história das minorias, das estruturas, das mentalidades, do imaginário, a Antropologia histórica etc., e a crise entendida como "a morte das ideologias".

Teoria da História

No verbete *A história nova*, Le Goff aponta para três fenômenos que assinalam a emergência do novo campo do saber: a afirmação das ciências (novas ou surgidas), sua renovação e a interdisciplinaridade. É este o cenário intelectual dos novos historiadores.

Espistemologicamente, a terceira geração pode ser definida pela ampliação de temas de pesquisa e pelo aporte interdisciplinar à história. Temas como morte, doença, alimentação, sexualidade, família, loucura, bruxaria, mulher, clima etc., são estudados à luz das diferentes áreas do conhecimento, levando ao limite a abertura da disciplina propugnada por Febvre e marcando a passagem quase exclusiva de preocupações socioeconômicas e demográficas em declínio para uma história mais antropológica. Se a primeira geração foi marcada pelas preocupações de uma história socioeconômica e psicológica, e a segunda por preterir o imaginário e a psicologia coletiva em benefício do socioeconômico e do demográfico, a terceira o é pela recusa e aceitação desses diferentes vetores. Há nela um declínio dos temas socioeconômicos e uma valorização das mentalidades, que a aproxima das psicologias coletivas. Essa valorização talvez tenha sido o motivo da incompreensão reducionista que estabelece uma sinonímia entre a terceira geração e a história das mentalidades, negligenciando fatores outros como os métodos quantitativos (que auxiliam na compreensão das próprias mentalidades) e os chamados retornos (dos fatos, da biografia, da narrativa, da política).

Componente, mas não definidora, a idéia de mentalidade permeia os objetivos perseguidos por diferentes historiadores da terceira geração. A dificuldade em compreendê-la talvez se ligue à pouca problematização de que foi objeto. Philippe Áries (1990) reproduz de memória uma história contada por Febvre para ilustrar o conceito:

> De madrugada o rei Francisco I saiu da cama da sua amante para voltar incógnito a seu castelo. Passou (...) em frente de uma igreja bem no momento em que os sinos chamavam para o ofício. Emocionado, ele parou para assistir à missa e orar devotamente.

A essa passagem Aries diz que o homem atual, surpreso com a junção de um amor culpado e uma piedade sincera pode escolher entre duas interpretações: 1) o sino desperta no rei o arrependimento pelo pecado e ele reza para pedir perdão a Deus — ele não poder ser, sem hipocrisia, o pecador da noite e o devoto da madrugada, *com o que ele age como o homem de hoje (...) Está convencido de que a coerência moral é natural e necessária (...) Essa normalidade é um valor invariável; em certo nível de profundidade e de generalidade, a natureza humana não muda. Tal interpretação seria a de um historiador clássico, tentado a reconhecer em todas as épocas e em todas as culturas (...) a permanência dos mesmos sentimentos;* 2) (aquela do historiador das mentalidades): *O rei era tão espontânea e ingenuamente sincero em suas devoções quanto em seus amores, e ainda não sentia sua contradição. Ele entrava na igreja como entrava na cama da sua amante, com o mesmo ardor (...) A autenticidade da sua prece não era alterada pelos relentos da alcova.* Essa ilustração exemplifica bem o risco que o historiador deve evitar de não incorrer naquilo a que Georges Duby cha-

Teoria da História

mava de *anacronismo psicológico* (1973), o pior de todos e o mais insidioso — estabelecer práticas e condutas atuais como se sempre tivessem existido, desconsiderando tratar-se de mentalidades diferentes. Duby exemplifica isso com o exemplo de um estudo de Christian Pfister (1885) sobre Roberto, o Piedoso, que segundo o analista, tomado de amor, esposa uma comadre e parente, tudo fazendo para casar-se com ela, desprezando todas as regras religiosas e cometendo incesto; contudo, a idéia de amor e de incesto aí expressas são do século XIX e não do rei do ano mil, de um contexto de uniões organizadas pelos pais, sem consentimentos etc.

É importante considerar que a idéia de mentalidade transcende os cortes sociais, colocando em níveis similares diferentes segmentos, aí constituindo uma de suas maiores críticas. A mentalidade de uma época seria algo comum ao conjunto da sociedade que nela viveu, independentemente das inúmeras variações que possam existir entre seus indivíduos e grupos. O apego dos historiadores do mental à longa duração e ao estruturalismo consistia no fato de propiciarem uma melhor compreensão da lenta mudança das estruturas mentais das sociedades, dos comportamentos coletivos, das atitudes diante do amor, da morte, das crenças. Já trabalhos como *O problema da descrença no século XVI*, de Febvre, ou *Os reis taumaturgo*, de Marc Bloch, ilustravam o interesse desses historiadores pela compreensão das atitudes mentais e a importância que lhe atribuíam, fato que persistiria mesmo na segunda geração com a ênfase na história econômica pelo viés demográfico e sua preocupação em compreender os movimentos das populações e suas relações com os alimentos, a fome, as epidemias etc., proporcionando à história das mentalidades uma base documentária estatística, em que séries numéricas na longa duração revelavam *modelos de comportamento de outro modo inacessíveis e clandestinos* (ARIÈS, 1990). Esse viés viria a ser desenvolvido por historiadores como Duby, Robert Mandrou e outros. Os novos campos da história hoje podem ser entendidos como tributários de temas e problemas das mentalidades — a "história das mulheres", a história da vida privada, do cotidiano, do imaginário e, num contexto maior, a própria história cultural. Um outro fator que talvez devesse ser explorado é o das chamadas "voltas" — *do acontecimento, da narrativa, da biografia, da história política. Mas essas voltas são equívocos. Se cada uma delas pode ser aceita pela nova história e se os partidários da nova história não raro deram o exemplo, é porque cada um desses gêneros históricos (...) volta com uma problemática profundamente renovada* (LE GOFF, 1990). Um breve retorno ao Febvre de Combates pela história torna simples essa compreensão.

Ao futuro dessa nova história Le Goff aventa algumas possibilidades: absorção das ciências humanas, transformando-se numa pan-história; fusão entre história, antropologia e sociologia, tornando-se "história sociológica" ou "antropologia histórica"; ou, sem fronteiras e sem interdisciplinaridade a história operaria um novo "corte epistemológico", com "uma nova dialética do tempo curto e do tempo longo". De nossa parte, enfim, cremos não ser cedo para se propor uma compreensão a esse respeito, e é essa também a diretiva deste livro.

Teoria da História 75

A HISTÓRIA NOVA

- Novos objetos, novos problemas, novas abordagens
- Limites da interdisciplinaridade

OUTRAS HISTORIOGRAFIAS

A pujança da historiografia francesa não nos deve enganar, pois em outros contextos também surgiram e se desenvolveram reflexões de grande ressonância. Havíamos mencionado, nas páginas iniciais, que a História tem bebido, para suas considerações epistemológicas, de outras disciplinas. Trataremos, agora, dos influxos de dois grandes grupos de disciplinas: por um lado, a Filosofia e a Lingüística e, por outro, as Ciências Sociais, Sociologia e Antropologia. Esta divisão é, em parte, artificial, pois também se cruzam essas disciplinas, mas, de todo modo, essa polaridade serve para ressaltar o pendor para o subjetivismo, predominante nas vertentes filosóficas e lingüísticas, ante ênfase nos modelos interpretativos, nas inspirações das Ciências Sociais.

A HISTÓRIA COMO PROCESSO DE CONHECIMENTO SUBJETIVO

Os positivistas enfatizaram a necessidade de um conhecimento objetivo, neutro e verdadeiro do mundo. Procuravam distinguir-se, dessa forma, dos filósofos, com sua preocupação com a maneira como podemos conhecer o mundo. Estudiosos de língua alemã foram pioneiros nessas searas, como em outras, ao perscrutarem as idéias e representações com as quais procuramos entender o que se passa à nossa volta. Não pode haver conhecimento sem um sujeito de conhecimento. Em seguida, tendo reconhecido que o estudioso tem sempre um ponto de vista, que há um sujeito de conhecimento que impede que se chegue ao "que realmente aconteceu" sem referência ao sujeito, surge uma outra limitação, essa coletiva: a linguagem. O aforismo de Friedrich Daniel Ernst Schleiermacher (1768-1834) à Academia de Ciências da Prússia, em 1829, é revelador: "A linguagem é o único pressuposto na Hermenêutica, pois não há pensamento sem palavras".

Desde o início da História moderna, no século XIX, e no centro mesmo prussiano em que surgia o positivismo, fundavam-se teorias em tudo contrárias à neutralidade pretendida pelos positivistas. O próprio conceito de Hermenêutica liga-se à tradição filosófica ocidental, em primeiro lugar de Aristóteles, em seu *Peri hermeneias*, traduzido como *Sobre a interpretação*. A palavra grega, retomada pelos alemães, deriva do deus da comunicação e dos movimentos, Hermes, representado na Grécia antiga muitas vezes sem membros, pois a palavra prevalece sobre tudo, mesmo sem braços e pernas.

O historiador alemão Reinhardt Koselleck (1923-2006) representa bem a sofisticação da hermenêutica, com sua História dos conceitos, voltada para mostrar que os conceitos têm historicidade, não são naturais. Nação, palavra antiga, por exemplo, só passou a designar um esta-

Teoria da História 77

do, um país, no sentido atual da palavra, no século XVIII. Como dizia o filósofo grego Epíteto (55-135 d.C.), não são os fatos a comoverem os homens, mas as palavras.

Toda História é História contemporânea.

O filósofo italiano Benedetto Croce (1866-1952) foi um dos responsáveis pela difusão da noção de que o passado só existe hoje, na mente do observador (e do historiador, em particular). O que passou, passou e não volta mais:

> Apenas resta a possibilidade de pensarmos o passado, usando os parâmetros, as palavras e os valores de nossa época. Essas considerações, em última instância ancoradas na Filosofia alemã, difundiram-se entre os historiadores em tantos países graças a autores como Roger Collinwood e Walter Benjamin, por motivos e meios muito diversos.

O britânico Roger Collinwood (1889-1943) foi arqueólogo, historiador e filósofo, combinação que contribui para explicar sua popularidade, pois não era apenas um teórico, mas foi, também, um grande pesquisador de campo e autor de obras históricas ainda de referência. Em seu clássico *A idéia de história*, publicado em 1944, demonstra a impossibilidade da descrição objetiva do passado:

> Já que o passado em si não é nada, o conhecimento do passado em si não é, nem pode ser, o objetivo do historiador. Sua meta, como de qualquer ser pensante, é o conhecimento do presente; para isto,

tudo deve retornar, em torno disso tudo deve revolver. Mas, como historiador, ele está preocupado com um aspecto específico do presente: como chegou a ser o que é. Neste sentido, o passado é um aspecto ou função do presente.

Em vertente diversa, oriunda do marxismo, o alemão Walter Benjamin (1892-1940) representa outra grande inspiração que ultrapassaria, em muito, sua época. Benjamin combate o mesmo positivismo atacado por Collinwood, reconhece que toda interpretação se passa no presente, mas tira daí uma conclusão em relação ao futuro: a História serve para mudar o mundo.

> Articular o passado historicamente não significa conhecê-lo "tal como ele propriamente foi" (...) A História é objeto de uma construção, cujo lugar não é formado pelo tempo homogêneo e vazio, mas por aquele saturado pelo tempo de agora. O historicismo não tem armação teórica, mas seu procedimento é aditivo: ele mobiliza a massa de fatos para preencher o tempo homogêneo e vazio (*Teses sobre a filosofia da história*).

O tempo do positivismo é homogêneo, vazio, o tempo do relógio, enquanto o tempo do historiador é carregado de presente e prenhe de futuro, é o do calendário das lembranças, no presente, do passado. A data de um assassinato, como o de Júlio César (15 de março de 44 a.C.), como fato histórico que "propriamente aconteceu", nada significa. Já o calendário das festas que se referem àquilo que não precisa sequer ter "acontecido" — como o Êxodo dos judeus do Egito ou a morte de Jesus na cruz — é sempre presente, voltado para o futuro. A História, de conhecimento objetivo do passado, transforma-se em prática no presente e, até, voltada para o futuro!

HISTÓRIA E PRESENTE

- Antipositivista
- Filosófica e lingüística
- Valorização do sujeito de conhecimento

VII
O PÓS-MODERNISMO

Muito se tem escrito nas últimas décadas sobre o pós-modernismo. Mesmo conceitualmente, tanto os termos "moderno" e "pós-moderno", e seus desdobramentos, assim como as implicações de seus usos foram objetos das mais diversas análises (Anderson, 1999; Harvey, 1992; Jameson, 1997), não conduzindo essas ao estabelecimento de formulações definitivas a respeito do que venham a ser. David Harley observa que *quanto ao sentido do termo, talvez só haja concordância em afirmar que o "pós-modernismo" representa alguma espécie de reação ao "modernismo" ou de afastamento dele.* A imensa gama de definições e interpretações a esse respeito leva-nos a tratar do tema aqui de maneira breve e introdutória — pelo que nossa proposição orbita somente algumas reflexões em torno do surgimento de uma dada "condição pós-moderna" em meio ao ambiente historiográfico.

Para Perry Anderson (1999), a *idéia de "pós-modernismo" surge pela primeira vez no mundo hispânico, na década de 1930, uma geração antes do seu aparecimento na Inglaterra ou nos Estados Unidos (...), com a pretensão de descrever um refluxo conservador dentro do próprio modernismo*, tendo conhecido diferentes conotações nas décadas consecutivas no campo da literatura, das artes e das ciências (vide autores anteriormente citados). É a partir da Filosofia, com a publicação do livro *A condição pós-moderna*, de Jean-François Lyotard (1924-1998), em Paris em 1979, que a expressão "pós-moderno" ganha força no âmbito das Ciências Humanas. Para Lyotard (1989), "pós-moderna" é a condição do saber nas sociedades mais desenvolvidas, designando a expressão *o estado da cultura após as transformações que afetaram as regras dos jogos da ciência, da literatura e das artes a partir do fim do século XIX*. Baseado em A. Touraine, defende a hipótese de que *o saber muda de estatuto ao mesmo tempo que as sociedades entram na era dita pós-industrial e as cultural na era dita pós-moderna*. Essas mudanças trazem em seu bojo novos paradigmas de compreensão dos homens, das culturas e do mundo, e se configuram de maneira similar nos diversos espaços do conhecimento. A natureza do saber não sai intacta nessa transformação geral. Nessa lógica, dois aspectos podem ser entendidos como definidores da chamada "condição pós-moderna" (ambos críticos da racionalidade iluminista):

1) A "incredulidade em relação às metanarrativas".

2) A "morte dos centros".

Ao primeiro aspecto se liga o descrédito dos grandes discursos e metanarrativas explicadores das experiências

Teoria da História 83

humanas e do mundo; ao segundo, a desconfiança em face de todos essencialismos definidores e dos sujeitos universais que os acompanham.

A compreensão desses dois pressupostos, comumente postulados pelas várias vertentes pós-modernas, liga-se ao estabelecimento de alguns preceitos entendidos como "modernos", cuja crise é percebida, epistemologicamente, a partir do fracasso de um dito projeto social iluminista. Caracterizado pela crença no racionalismo e otimismo em relação à ciência e à técnica, advinda do Renascimento do XVI e do Racionalismo do XVII, o ideário iluminista fundará a base das diferentes ciências nos séculos seguintes. Em meio a processos de secularização de algumas sociedades européias, em especial a francesa, a razão iluminista irá eleger como alvos de uma crítica contundente o Estado Absolutista e o Cristianismo. Da religião à razão, da transcendência à imanência, essa passagem é associada às idéias de civilização e progresso, que instaurarão binômios como natural e não natural, ciência e espírito, conteúdo e forma, normal e patológico que se cristalizarão nas sociedades ocidentais e embasarão o solo epistemológico das mais diversas disciplinas. A concepção desenvolvimentista e evolucionista forjada em meio a esse ideário irá nortear as nascentes filosofias da história do século XVII, concebidas a partir de idéias que preconizavam o devir da matéria, a evolução das espécies e o progresso incessante dos seres humanos.

Imbuídas de um marcado pensamento teleológico, essas filosofias irão apregoar a orientação da evolução humana para um fim, com vistas para o desenvolvimento de estados sucessórios e ascendentes e a concretização de etapas definitivas e apoteóticas ao findar desse mesmo desenvolvimento. Preocupados em demonstrar a evolução da humanidade por meio de grandes metanarrativas explicadoras das experiências humanas, pensadores como Comte e Marx irão teorizar, em uma perspectiva criticada pela linearidade, etapas sociais do desenvolvimento humano — seja pelos estados teóricos e a física social de um ou pelos modos de produção do outro. Esses grandes modelos explicativos, ao lado de muitas outras interpretações de fundo holístico da sociedade, passam a ser vistos com suspeição no âmbito das teorias sociais; essa desconfiança fundamenta o que se designou de crise dos paradigmas modernos.

O século XX, com todos os seus avanços científicos, explicitará o fracasso do "ideário iluminista", mostrando a utilização nefasta da ciência que, a título de salvamento da humanidade, muitas vezes pôs e ainda põe em risco essa mesma humanidade. O ideal salvador trouxe, em seu rastro, as grandes guerras mundiais, a ameaça atômica, as autocracias, os colonialismos, os imperialismos, os conflitos étnicos, religiosos, econômicos e sexuais das sociedades não resolvidos, problemas ecológicos potencializados, desemprego, violência, acirramento de desigualdades, miséria, entre outros. As benesses do progresso, quando *democratizadas*, salvaram a muitos, quando não, o que comumente aconteceu, a eleitos, consolidando uma crudelíssima política elitista, excludente, reforçadora dos cortes sociais. Representando a não concretização de um projeto moderno, iluminista, que retiraria a humanidade

Teoria da História 85

da barbárie e a inseriria em sociedades civis perfeitas, completas, o mundo contemporâneo é o *loeus* das incertezas e indefinições, reflexo da não linearidade anteriormente prevista e da pressão cumulativa de eventos históricos.

Ao lado dessa descrença nos grandes discursos que fundamentaram e legitimaram uma "história universal" figura a falência de categorias ligadas a modelos modernos de sociedade, calcados em acepções essenciais ontológicas como família, homem, mulher, classe, entre outros. Modelos oriundos das necessidades de classificação e naturalização que marcaram as bases do conhecimento científico do século XIX europeu.

Corroendo as bases em que se configurou a modernidade, as ciências, hoje, põem em questão o estatuto de verdade da epistemologia iluminista, assim como, também, seus modelos racionalizadores. As vertentes pós-modernas são, em grande medida, responsáveis pela irrupção das desessencializações no cenário científico atual, com um interesse manifesto no caráter de pluralidade dos modos de pensar e agir no mundo, das formas de pensamento e de vida, o que marca um rompimento com o tradicional saber positivo. Na esteira de filósofos como Friedrich Nietzsche (1844-1900), Michel Foucault (1926-1984), Jacques Derrida (1930-2004), principalmente, o império da subjetividade assume lugares cada vez mais consolidados em meio às novas epistemologias. Num ambiente intelectual de crise e agonia de modelos empiricistas e positivistas, vivencia-se uma crítica contundente à busca pelas origens, ao desejo de verdade histórica e todos essencialismos.

A concepção de verdade iluminista, como algo existente e por ser apreendido, e seus corolários, perde espaço para epistemologias menos pretensiosas que, de uma perspectiva sociocultural, percebe indivíduos e práticas como construções discursivas, conferindo à linguagem e seus meandros importante papel na elaboração dos "fatos" — tanto na esfera da "produção" (de um texto, por exemplo) quanto na da recepção/interpretação. Questões relevantes colocadas pela sociolingüística e pelas diferentes tendências da analítica do discurso (como quem fala? De onde fala? Para quem fala? E como é recebida essa fala etc.) têm auxiliado numa problematização maior da idéia de "verdade". Essa concepção discursiva do conhecimento (aqui exemplificada pela tradição textual, mas aplicável aos diferentes suportes documentais para além do texto) é substanciada pela compreensão de uma relação intrínseca entre língua, linguagem e sociedade. Para Helena Nagamine Brandão (1997), nessa relação, o discurso é compreendido como *o efeito de sentido construído no processo de interlocução (opõe-se a uma concepção de língua como mera transmissão de informação). O discurso não é fechado em si mesmo e nem é de domínio exclusivo do locutor; aquilo que se diz, significa em relação que não se diz, ao lugar social do qual se diz, para quem se diz, em relação a outros discursos.*

O lugar ocupado pela linguagem no cenário pós-moderno é, dessa forma, essencial na descentralização dos sujeitos. Não mais "o homem", "a mulher" e "a classe", mas "os homens", "as mulheres", "os indivíduos", "os grupos". Paralelo à falência de velhos modelos normatizadores e essencialistas do humano se dá a constituição de uma história mais democrática, includente, revisionista, mesmo, dos moldes classificadores e domadores do século XIX, instituídos por sujeitos históricos universais europeus, burgueses, colonialistas, brancos, machos e cristãos, que mais não fizeram do que reificar suas próprias experiências. Para o pensamento pós-moderno, *grosso modo*, a sociedade contemporânea é representativa do esgotamento da modernidade, da desconfiança das verdades absolutas e das grandes generalizações dos discursos totalizantes, tendo feito emergir, às expensas do fim de valores, concepções e modelos tradicionais, outros, e, a partir deles, a constituição de uma nova história, que irá negar a simples relação entre passado e presente, o continuísmo histórico, as origens determinadas e as significações ideais.

Ao postularem a desnaturalização de sujeitos e identidades ontológicos essas novas bases têm contribuído para uma melhor compreensão da pluralidade das experiências, principalmente ao reconhecerem a elaboração de sujeitos e identidades como produtos de forças culturais conflitantes, que operam em meio a jogos de relações de poder marcados pelo conflito. Daí as identidades serem percebidas pela epistemologia pós-moderna como plurais, móveis, diversas, versáteis, descentradas, desunificadas, contrárias, como observou Stuart Hall (2002) à existência de um núcleo interior *que emergia pela primeira vez com o nascimento do indivíduo e com ele se desenvolvia, ainda que permanecendo essencialmente o mesmo — contínuo ou "idêntico" a ele — ao longo da existência do indivíduo.*

Na trilha desses pressupostos teóricos, "novos" grupos passam a ser incluídos no discurso histórico; novas problemáticas são colocadas por e em relação a esses grupos, em conjunto com práticas que lhes conferem maior visibilidade e fazem coro a mudanças que se operam no meio historiográfico desde pelo menos os anos 70 do século passado. Para Keith Jenkins (2001), não sendo ligado essencialmente à direita, à esquerda ou ao centro, o pós-modernismo não assume uma característica uniforme. E nem é uma prerrogativa da história. O legado de suas mudanças para o meio intelectual é inegável, visto colocarem para debate, ao menos, os dois focos aqui tratados. Na esteira de muitos valores propugnados pelos pós-modernos segue uma ampla reavaliação de discursos, sejam eles da filosofia, da Iingüística, política, arte, literatura ou história, conferindo às ciências humanas uma nova configuração epistemológica; configuração essa na qual a História não tem deixado de se inserir.

O PÓS-MODERNISMO

- Rompimento com as metanarrativas
- Crítica aos sujeitos universais — descentralização do sujeito
- Reconhecimento da importância da linguagem

Considerações finais

Ao final desta caminhada pela historiografia, esperamos ter semeado inquietações, mais do que certezas. Desde seus princípios, o estudo do passado esteve sempre envolvido na compreensão do mundo presente, a partir do que havia ocorrido anteriormente. Em certo sentido, tem sido sempre o futuro o motor do interesse pelo passado, o que é apenas um aparente paradoxo. Não era outra a preocupação de Heródoto, nem deixa de ser em pleno século XXI. As maneiras de explicar essa relação entre o futuro almejado, o presente vivido e aquilo que veio antes variaram ao correr dos tempos. A moderna ciência histórica procurou romper com uma longa tradição que colocava no centro do ofício do historiador a beleza da narrativa e as explicações subjetivas. Vivemos ainda os influxos dessa revolução positivista. As últimas décadas testemunharam o colapso dos modelos normativos, que enfatizavam todos homogêneos, como o estado nacional. Multiplicaram-se as identidades e a subjetividade passou ao centro, tanto da ação política, como no campo da epistemologia das ciências. A Teoria da História foi particularmente afetada por tais mudanças. Alan Munslow foi muito feliz ao resumir como a Teoria da História da nossa época considera o conhecimento do passado:

> Até que ponto a História, como uma disciplina, é a descoberta e a representação do conteúdo do passado, por meio de sua forma popular de narrativa do passado? Minha resposta é a seguinte: como veículo para a explicação histórica, a adequação de sua estrutura narrativa deve ser julgada dentro de uma crítica mais ampla pós-moderna da natureza do significado e da linguagem. A conseqüência mais ampla disto é que a História pode ser, nem mais, nem menos, do que uma representação do passado. Tal conceito rejeita, de forma explícita, a História escrita, em primeiro lugar, como uma disciplina empírica que visa, de forma objetiva, representar uma realidade presumível do passado histórico. A questão central é a natureza da representação, não o processo de pesquisa empírica em si. O problema é alertar contra a crença de que podemos, realmente, saber a realidade do passado por meio de sua representação textual. Há, ainda, uma forte tendência que a História, em sua forma narrativa, se torne mais real do que a realidade, tal como na experiência da fronteira na América, representa-

da pela tese da fronteira de Frederick Jackson Turner. Para os americanos, esta História tornou-se tão importante como uma metáfora para o individualismo e a democracia americanos que adquiriu uma dimensão essencial e em tudo mítica. Na medida em que o texto histórico se torna mais real do que o próprio passado, todas as noções tradicionais de verdade, referencialidade e objetividade que, de forma paradoxal, estiveram na raiz do seu status como verdade histórica, acabam por desaparecer.

O passado não é descoberto ou encontrado. É criado e representado pelo historiador como um texto que, por sua vez, é consumido pelo leitor. A História tradicional é dependente em seu poder de explicação como a estátua que preexiste no mármore, ou o princípio do *trompe l'oeil*. Mas esta não é a única História que podemos ter. Ao explorarmos a maneira como representamos a relação entre nós e o passado, nós podemos nos ver não como observadores distantes do passado, mas, como Turner, participantes na sua criação. O passado é complicado e difícil o bastante sem a auto-ilusão que quanto mais nos engajamos com a evidência, mais perto estamos do passado. A idéia de descobrir a verdade na evidência é um conceito modernista do século XIX e não há mais lugar para ela na escrita contemporânea sobre o passado.

Assim como a *fronteira americana* foi "inventada", proposta e descoberta a um só tempo, por um historiador, somos todos instados a nos lançarmos a esse processo de criação interpretativa. Abandona a ilusão da descoberta da verdade única e inefável, tudo está por ser interpretado. Esta é a mensagem deste livro, o convite ao leitor, sujeito do conhecimento, intérprete do mundo. Estaremos satisfeitos se este volume sirvir para incentivar essa busca.

Referências e fontes[1]

Indicamos, nesta seção, obras que substanciaram nossas considerações, de modo que o leitor possa se aprofundar na leitura de textos com referências.

ANDERSON, P. *As origens da pós-modernidade*. Rio de Janeiro: Jorge Zahar, 1999.

ARISTÓTELES. *Poética*, 9, 50 (tradução de Eudoro de Souza para a Editora Abril).

---

[1] Todos os textos anteriormente citados encontram-se com indicação bibliográfica completa nas referências que seguem.

ARIÈS, Philippe. "A história das mentalidades". Em: LE GOFF, Jacques. *A história nova*. São Paulo: Martins Fontes, 1990.

BLOCH, M. *Apologia da história*. Rio de Janeiro: Jorge Zahar, 2001.

BRAUDEL, F. *O Mediterrâneo e o mundo mediterrânico na época de Felipe II*. Vols I e II. São Paulo: Martins Fontes, 1983.

BURKE, Peter. *A escrita da história*. São Paulo: Editora da Unesp, 1992.

CANFORA, L. "L'uso politico della storia dalla Pérsia a Stalingrado" Em: *Corriere della Sera*, 13-10-2005, p. 26.

CÍCERO. *De Legibus* 1,1,5 (disponível em versão brasileira, *Tratado das leis*, publicado pela Editora da Universidade de Caxias do Sul).

DOSSE, F. *A história em migalhas: dos Annales à nova história*. Campinas: Editora da Unicamp, 1992.

DUBY, Georges. "Histoire des mentalités". Em: SAMARAN, Charles. *L'histoire et ses méthodes*. Bruges: Imprimerie Sainte-Catherine, 1973.

ENGELS, F. A "Contribuição à crítica da economia política", de Karl Marx. Em: MARX, Karl e ENGELS, Friedrich. *Obras escolhidas*. São Paulo: Alfa-Omega, 1980.

HERÓDOTO. *História* 2,9 (disponível em versão brasileira pela Editora da Universidade de Brasília).

FEBVRE, L. *Combates pela história*. Lisboa: Presença, 1985.

FEBVRE, L. & BLOCH, M. "A nos lecteurs". *Annales d'Histoire Économique et Sociale*, 1re Année, 1929. pp. 1-2.

HARVEY, D. *Condição pós-moderna*. São Paulo: Edições Loyola, 1992.

HEGEL, G. W. F. *Fenomenologia do espírito*. Petrópolis: Vozes, 2000.

_____. *O Estado*. Campinas: IFCH/Unicamp, 1998. (Col. Textos Didáticos número 32).

JAMESON, F. *Pós-modernismo: a lógica cultural do capitalismo tardio*. São Paulo: Ática, 1997.

LANGLOIS, C.-V.; SEIGNOBOS, C. *Introdução aos estudos históricos*. São Paulo: Renascença, 1946.

LE GOFF, Jacques. *A história nova*, Tradução de Ana Maria Bessa. Lisboa: Edições 70, s.d.

_____. *Histoire et Mémoire*, Paris, Gallimard, 1988.

_____. & NORA, Pierre, *História: novas abordagens, novos problemas, novos objetos*. Rio de Janeiro: Francisco Alves, 1995.

LIDDELL, H. G. & SCOTT, R. *A Greek-English Lexicon*. Oxford: Clarendon Press, 1966.

LOWY, M. *Walter Benjamin: aviso de incêndio*. São Paulo: Boitempo, 2005.

LYOTARD, J.-F. *A condição pós-moderna*. Lisboa: Gradiva, 1989.

MARROU, H. I. "Comment comprendre le metier d'historien". Em: *L'Histoire et ses méthodes*. Paris: Gallimard, 1961, pp. 1465-1539.

MARX, K. *A questão judaica*. Moraes, 1991.

_____. *Contribuição para a crítica da economia política*. Lisboa: Editorial Estampa, 1973.

_____. *Miséria da filosofia*. Lisboa: Estampa, 1978.

MARX, K., E., Frederich. *A ideologia alemã*. São Paulo: Hucitec, 1986.

_____. *Manifesto do partido comunista*. Organização e introdução de Marco Aurélio Nogueira. Petrópolis: Vozes, 1988.

MOMIGLIANO, A. *La historiografia griega*. Barcelona: Crítica, 1984.

MONOD, G. Introdução. "Do progresso dos estudos históricos na França desde o século XVI". Em: SILVA, Glaydson J. da. *A Escola Metódica - Seleção de textos, tradução e organização*. Campinas: IFCH/Unicamp, 2006.

MONOD, G. & FAGNIEZ, G. Prefácio de Revue Historique. Em: SILVA, Glaydson J. da. *A Escola Metódica*. Seleção de textos, tradução, organização e apresentação de Leandro Karnal. Campinas: IFCH/Unicamp, 2006. Coleção Textos Didáticos.

MUNSLOW, A. *Deconstructing History*. Londres/Nova York: Routledge, 1997.

RAGO, M. L. "Estudo reavalia rumo da Escola dos *Annales*". Em: *O Estado de S. Paulo*, São Paulo, 11-6-2000, D2.

SIMIAND, F. "Méthode historique et science sociale". *Revue de Synthese Historique*, nº 6,1903, pp. 129-157.

TUCÍDIDES. *Guerra do Peloponeso*, 1,22.

As ponderações sobre epistemologia e outros termos gregos derivam de *A Greek-English Lexicon*, nova edição compilado por Henry George Liddell e Robert Scott, Oxford, Clarendon Press, 1996.

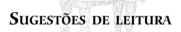

Sugestões de leitura

As obras a seguir são indicadas para os leitores que desejem aprofundar o estudo dos temas tratados:

BURKE, P. A. Escola dos *Annales (1929-1989) : a Revolução Francesa da historiografia*. São Paulo: Editora da Unesp, 1991.

DAIX, P. *Fernand Braudel*. Rio de Janeiro/São Paulo: Record, 1999.

HAMILTON, P. *Historicism*. 2ª ed. Londres & Nova York: Routledge, 2003.

JENKINS, Keith. *A história repensada*. São Paulo: Contexto, 2001.

KOSSELECK, R. *Futuro passado: contribuição á semântica dos tempos históricos*. Trad. Wilma Patrícia Mass e Carlos Almeida Pereira. *Rio* de Janeiro: Contraponto/PUCRJ, 2007.

LORENZ, C. "Postmoderne Herausforderung and die Geselschaftsgeschichte?". Em: *Geschichte und Gesellschaft*, 24, 4, 1998, p. 619.

LOWITH, K. *O sentido da história*. Lisboa: Edições 70, 1991.

LOZANO, J. *El discurso histórico*. Madri: Alianza, 1987.

MARTON, S. "Entre o relativo e o transcendente: pluralidade de interpretações e ausência de critérios". *Dissertatio*. Em Revista de Filosofia, nº 19-20, 2004, pp. 343-365.

MARWICK, A. *The Nature of History*. Londres: Open University, 1976.

MITRE, E. *Historia y pensamiento histórico*. Madri: Cátedra, 1997.

MORAIS, C. *Maravilhas do mundo antigo, Heródoto, pai da história?*. Belo Horizonte: Editora da UFMG, 2004.

NAGAMINE BRANDÃO, H. *Introdução à análise do discurso*. Campinas: Editora da Unicamp, 1997.

REHFELD, W. I. *Tempo e religião*. São Paulo: Perspectiva/Edusp, 1988.

RIDLEY, A. R. G. *Collinwood*. São Paulo: Editora da Unesp, 1999.

RUSSEL, J. "A new intellectual history?". Em: *American Historical Review*, 97, 2, 1992, p. 405.

SOBRE OS AUTORES

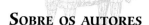

PEDRO PAULO A. FUNARI

Nasci em São Paulo, graduei-me em História (USP 1981), obtive o mestrado em Antropologia Social (USP 1985), doutorado em Arqueologia (USP 1990), Livre-Docência em História (Unicamp 1996), fui professor da Universidade Estadual Paulista (Unesp/Assis) (1986-1992), sendo hoje Professor Titular da Universidade Estadual de Campinas (1992 em diante), pesquisador associado da Illinois State University (Estados Unidos) e Universitat de Barcelona (Espanha), professor, também, dos Programas de Pós-Graduação em Arqueologia da Universidade de São Paulo e das Universidades de Catamarca e Nacional Del Centro de la Província de Buenos Aires, ambas na Argentina, e do Programa de Mestrado em Memória e Patrimônio da Universidade Federal de Pelotas, RS. Atualmente, sou coordenador do Núcleo de Estudos Estratégicos da Unicamp. Atuo, ainda, como pesquisador do Núcleo de Estudos e Pesquisas Ambientais (Nepam/Unicamp) e no doutorado em Ambiente e Sociedade. Lidero o Grupo de Pesquisa do CNPq, sediado no Núcleo de Estudos Estratégicos da Unicamp. Publiquei mais de duzentos artigos científicos em revistas acadêmicas brasileiras arbitradas e mais de cinqüenta em revistas estrangeiras arbitradas. Publiquei dezenas de livros, diversos deles editados no exterior, como *Global Archaeological Theory* (Nova York: Kluwer, 2005). Atuei como professor convidado em diversas universidades estrangeiras. Meu email é ppfunari@uol.com.br e os portais são www.unicamp.br/nee/arqueologia e www.historiaehistoria.com.br.

Glaydson José da Silva

Sou natural de Franca, em São Paulo, onde me graduei em História no ano de 1996, pela Universidade Estadual Paulista (Unesp). Conclui o mestrado (2001) e o doutorado (2005), também em História, pela Universidade Estadual de Campinas (Unicamp), onde lecionei disciplinas de teoria da História (2001,2006 e 2007) e realizo, desde dezembro de 2005, estágio pós-doutoral — no Departamento de História. Sou co-organizador com Pedro Paulo Abreu Funari e Lourdes Conde Feitosa do livro *Amor, desejo e poder na Antigüidade: relações de gênero e representações do feminino* (Campinas: Editora da Unicamp, 2003). Traduzi, organizei e publiquei, em 2006, textos de Gabriel

Teoria da História

Monod, Gustave Charles Fagniez, Charles-Victor Langlois, Charles Seignobos e François Simiand — todos coligidos no volume *A escola metódica*, publicado pelo Setor de Publicações do Instituto de Filosofia e Ciências Humanas da Unicamp. Publiquei, em 2007, pela Editora Annablume e com o apoio da Fapesp, o livro *História Antiga e usos do passado: um estudo de apropriações da Antigüidade sob o Regime de Vichy (1940-1944)*; organizei e publiquei, nesse mesmo ano, com Fábio Vergara Cerqueira, Ana Teresa M. Gonçalves, Chimene Nobre e Anderson Zalewski Vargas o livro *Guerra e paz no mundo antigo* — pelo Instituto de Memória e Patrimônio e pelo laboratório de Antropologia e Arqueologia da Universidade Federal de Pelotas. Sou autor de diversos artigos publicados em minha área de especialidade e, atualmente, preparo com Funari e demais colegas, os livros *História Antiga: contribuições brasileiras* e *Arqueologia y Historia del mundo antiguo: contribuiciones brasileñas y españolas* (Oxford: Archaeopress, 2008). Sou professor da Universidade Estadual de Londrina. Meu e-mail para contato é sglaydson@hotmail.com.